Jessen/Schulze   Botanisches Wörterbuch

Botanisches Wörterbuch

für Gärtner und Floristen

19., überarbeitete und erweiterte Auflage
mit über 2000 Namen

Von Hans Jessen †
Berufsschuldirektor i. R.

und Helmut Schulze
Studiendirektor i. R.

Verlag M. & H. Schaper Alfeld-Hannover

CIP-Titelaufnahme der Deutschen Bibliothek

Jessen, Hans:
Botanisches Wörterbuch für Gärtner und Floristen: mit über
2000 Namen / von Hans Jessen u. Helmut Schulze. – 19.,
überarb. u. erw. Aufl. – Alfeld; Hannover: Schaper, 1992.
ISBN 3-7944-0139-5
NE: Schulze, Helmut:; HST

© 1992 by Verlag M. & H. Schaper, Alfeld – Hannover
Gedruckt in der Bundesrepublik Deutschland
Satz, Druck und buchbinderische Verarbeitung: CW Niemeyer, Hameln
ISBN 3-7944-0139-5

Vorwort zur 19. Auflage

Vor Jahresfrist konnte man in einer angesehenen Fachzeitschrift lesen, Botanische Wörterbücher seien schon längst nicht mehr „Bibeln" für Gärtner und Floristen. Das war ohnehin zu keiner Zeit der Fall. Dennoch hat jener sinnbildlich geäußerte Vorwurf der Unvollkommenheit im Grundprinzip seine Berechtigung.

Eine wahre Flut von „Neuheiten" ist nämlich in den vergangenen Jahren angeboten worden oder gar schon im Handel. Bei aller Beschränkung, die in unserem Kleinen Wörterbuch stets einzuhalten war, mußten trotzdem zur Vorbereitung dieser Neuauflage weit über hundert Arten in die „Neuheiten"-Liste eingearbeitet werden. Diese Species sind nomenklatorisch und systematisch abgesichert.

Ein nicht unerheblicher Teil angebotener Novitäten ist jedoch dubios, man steht dann vor vielen Rätseln. Diese werden teilweise gelöst, indem man in alten Standardwerken nachschlägt oder sich anderweitig kundig macht. So entpuppte sich die „neue" Lobeliensorte ‘Richardii’ als eine recht alte Kultur-Varietät, die eindeutig zu *Lobélia erínus* gehört und aus einer britischen Sammlung stammt. *Lysimáchia congestiflóra* ‘Lyssi’ kommt desgleichen als altes Inventar aus England. Ihr Artname (*congestiflóra*) ist aber zweifelhaft. So fand sie keinen Eingang in unsere Liste, ebenfalls nicht *Dracǽna „raafiagáta"*, die vom Holländer De Raaf auf den Markt gebracht wurde und bei der es sich wohl um eine Auslese oder Varietät einer noch nicht sicher bestimmbaren *Dracǽna* spec. handelt. ‘Tamaya’ jedoch ist eine echte Neuheit, wenn auch nomenklatorisch nicht sicher in den Griff zu bekommen, wie man im Buch nachlesen kann.

Nicht minder problematisch sind einige Umbenennungen, die entweder belustigen oder verärgern können, etwa wenn man liest, daß *Eríca herbácea* nun wieder als *E. cárnea* geführt werden darf.

Allerdings gibt es manchmal Hemmschwellen, die zu überschreiten man sich scheut. Deshalb wird in dieser Auflage trotz gegebener Hinweise *Chrysánthemum índicum* noch nicht zu *Dendránthema índicum* „umfunktioniert".

Bei den deutschen Pflanzennamen bestand kein Anlaß zu Veränderungen. Einige „Neuheiten" bereiteten allerdings Schwierigkeiten im Bemühen, passende Bezeichnungen zu finden.

Als recht brauchbar hat sich seit der letzten Auflage die Artennumerierung im Hinblick auf die Florenreiche erwiesen und wird daher erneut angelegentlich empfohlen.

Dem Druckfehlerteufel, der in Wörterbüchern besonders gern sein Unwesen treibt, wurde wiederum der Kampf angesagt. Einige aufmerksame Leser vorhergehender Auflagen haben uns dabei dankenswerterweise geholfen.

Wesel, im Februar 1992   Helmut Schulze

Vorwort zur ersten Auflage

Die botanischen Namen sind ein Bestandteil des gärtnerischen Fachwissens. Ihre Kenntnis, Aussprache und Schreibweise sich nach Regeln anzueignen ist schwierig und dem Gärtner kaum möglich; **darum müssen sie gelernt werden.**

Dazu soll das vorliegende kleine Wörterbuch verhelfen. In ihm sind aus den Hauptpflanzengruppen des Erwerbsgartenbaues die botanischen Namen einiger Pflanzen zusammengestellt, die den Grundstock für das Fachwissen des jungen Gärtners bilden und ihm eine Übersicht über seine Kulturpflanzen geben.

Hinzugefügt sind noch die deutschen Namen, die Bedeutung des Artnamens und der Familienname.

Der Familienname ist mit Hilfe der angegebenen Zahl aus der „Übersicht der wichtigsten Familien" zu entnehmen. Dadurch soll der Lernende veranlaßt werden, erst selbst über die Familienzugehörigkeit nachzudenken und die Merkmale der Familie zu suchen.

Synonyme (Nebennamen) sind bewußt fortgelassen, um der jungen Generation jede Belastung zu ersparen. Aus demselben Grunde sind auch Regeln und Begriffe der lateinischen Sprache über Geschlecht, Vor- und Endsilben, Form- und Farbbezeichnungen der Pflanze oder von Pflanzenteilen nicht angeführt.

Die Erfahrung lehrt immer wieder, daß botanische Namen nur durch Übung und Gewöhnung zum Fachwissen werden können.

Der Verfasser

Schwelm, Dezember 1950

Inhaltsverzeichnis

Pflanzennamen in der Fachsprache des Gärtners

Die richtige Schreibweise, Aussprache und Betonung der botanischen Namen machen dem Gärtner Schwierigkeiten, so daß oft die Frage gestellt wird: „Warum müssen diese fremden Namen, bei denen man sich nichts vorstellen kann, gelernt und gebraucht werden?"

Der Fachmann muß neben den deutschen Pflanzennamen auch die wissenschaftlichen kennen, denn

1. die deutschen Namen sind nicht einheitlich genug, um in der Praxis und im Fachschrifttum verwendet werden zu können. Verschiedene Pflanzengattungen und -arten haben den gleichen deutschen Namen, und für manche Pflanzenart gibt es mehrere deutsche Namen, z. B. für *Béllis perénnis:* *Gänseblümchen,* Maßliebchen, Tausendschönchen, Perlblümchen, Osterblume, Margeritchen.

2. der Verkehr der Fachleute untereinander verlangt die botanischen Namen. Letztere werden als Fachsprache angewendet.

3. der Verkehr mit dem Auslande verlangt wegen der Verständigung eine einheitliche Namengebung zwischen den Nationen (Internationale Nomenklatur).

4. in Fachzeitschriften und Preislisten sind die Pflanzen und Samen international mit botanischen Namen gekennzeichnet.

5. viele Pflanzen (Warm- und Kalthauspflanzen) haben keinen deutschen Namen, weil sie aus fremden Ländern stammen.

6. die Wissenschaft (Botaniker und Forscher) und alle Berufe, die mit Pflanzen zu tun haben, müssen zur Vermeidung von Verwechslungen die botanischen Namen verwenden.

Die Namen für die Pflanzen können etwas aussagen über:

1. die Eigenschaft der Pflanze oder ihrer Teile, z. B. heißt *Adiántum* das „Unbenetzbare", denn Wasser rollt wie silberne Kügelchen von den Adiantumblättchen ab; *tricolor* bedeutet dreifarbig.

2. die Herkunft der Pflanze. *Castánea* z. B. bedeutet der aus Kastana in Thessalien (Griechenland) stammende Baum Kastanie.

3. die Ähnlichkeit mit anderen Pflanzen, Tieren oder Gegenständen. *Delphínium* z. B. besagt, daß die Knospe des Rittersporns einem Delphin ähnlich ist. Die Artbezeichnung *platanoídes* bedeutet platanenähnlich. Die Endung „oídes" bezeichnet eine Ähnlichkeit.

4. die Ehrung eines Förderers oder Züchters. *Begónia* (Schiefblatt) ist benannt nach Michel Begon, der Gouverneur von Sto. Domingo (Mittelame-

rika) war. Die *Magnólia* (Magnolie, fälschlich Tulpenbaum genannt) hat ihren Namen zu Ehren des Professors Pierre Magnol erhalten.

5. die Verwendung der Pflanze; *officinális* bedeutet, daß die Pflanze arzneilich, also in Apotheken gebraucht wird. Officina ist im Lateinischen die Werkstatt, die Arzneiküche.

Man soll nicht daran denken, die botanischen Namen zu übersetzen, um nun mit aller Gewalt einen deutschen Namen zu haben. Dadurch ist niemandem gedient, und es kommen oft sehr merkwürdige Wortgebilde heraus.

Wann ist der Gebrauch der botanischen Namen angebracht?

Es ist nicht nötig, im täglichen Berufs- und Geschäftsleben, im Verkehr mit den Kunden die „botanischen" Namen zu gebrauchen, wenn eingebürgerte deutsche Namen oder in deutsche Form gebrachte Namen vorhanden sind.

Man kann gern „Alpenveilchen" oder „Zimmerlinden" verkaufen und braucht sie nicht „*Cýclamen pérsicum*" oder „*Sparmánnia africána*" zu nennen. Man kann „Efeu", „Lorbeer" und „Douglastanne" verarbeiten, ohne sie als „*Hédera hélix*", „*Laurus nóbilis*" und „*Pseudotsúga menziésii*" bezeichnen zu müssen.

Die botanischen Namen sind aber immer dann anzuwenden, wenn Zweifel um eine Pflanzengattung oder -art entstehen können. Auch ist zu bedenken, daß viele Blumenfreunde und Pflanzenliebhaber, die als Kunden zum Gärtner kommen, sich der Fachnamen bedienen, dann müssen Gärtner und Floristen ihnen als Fachmann gewachsen sein.

Botanische Namen und Sortennamen werden international geregelt

Zunächst sei hervorgehoben, daß „botanische" Namen nichts anderes bedeuten als „Pflanzen"-Namen, denn „botáne" heißt in der griechischen Sprache „Gras, Pflanze". „Botanisch" bedeutet also nicht eine Sprache wie „Französisch" oder „Lateinisch". Botanische Namen sind nur Pflanzennamen, die meistens aus der lateinischen und altgriechischen Sprache und aus latinisierten Vernakularnamen, d. h. aus volkstümlichen Bezeichnungen der Eingeborenen fremder Länder, entnommen sind und oft eine lateinische Endung erhalten haben (*vernáculus* = einheimisch, inländisch). So bedeutet z. B. *catawbiénse* catawbiensch = am Catawbafluß (in Nordamerika) wachsend.

Die Regeln zur wissenschaftlich korrekten Benennung von Pflanzenarten und gärtnerischen Sorten werden auf Internationalen Botanischen Kongressen und Gartenbau-Kongressen festgelegt.

Ausgangspunkt für die heutige Nomenklatur, die Namengebung, sind Linnés ,,Species Plantarum'' 1753.

Die Frage der Regelung der wissenschaftlichen Pflanzennamen ist auf vielen Internationalen Kongressen behandelt worden, z. B. 1867 in Paris, 1905 in Wien, 1930 in Cambridge, 1950 in Stockholm, 1954 in Paris, 1959 in Montreal, 1964 in Edinburgh, 1969 in Seattle, weiter 1975 in Leningrad und 1981 in Sydney, vor einigen Jahren auch in Berlin.

Die heute gültigen ,,Internationalen Nomenklaturregeln'' für die Botanik sind niedergelegt im dreisprachigen ,,Internationalen Code der Botanischen Nomenklatur'', dessen deutsche Fassung in Berlin-Dahlem gefertigt worden ist.

(Ein ,,Code'' [franz.] ist ein Gesetzbuch, aber auch ein Schlüssel zum Entziffern chiffrierter Schriften.)

Der Code enthält Grundsätze, Regeln und Empfehlungen für die Benennung der Pflanzen.

Für die Kulturpflanzen sind grundsätzlich die Vorschriften des botanischen Code gültig, jedoch sind besondere Bestimmungen zusätzlich notwendig geworden. Sie beziehen sich auf die in der Kultur entstandenen Veränderungen, auf die Sorten und deren wünschenswerte Registrierung, auf die Namen von Bastarden sowie auf die Priorität.

Sie sind festgelegt im gegenwärtig maßgeblichen ,,International Code of Nomenclature of Cultivated Plants'' (Utrecht 1969), dessen Wortlaut nach den Beschlüssen der Internationalen Gartenbaukongresse in London (1952) und Scheveningen (1955) von Nomenklatur-Kommissionen bzw. -Ausschüssen für Kulturpflanzen in Utrecht (1956), Edinburgh (1960) und Cambridge (1969) konzipiert wurde.

Absichten der Nomenklatur

1. Beständigkeit der Namen anzustreben,
2. Formen und Namen, die zu Irrtümern oder falschen Deutungen Anlaß geben oder Verwirrung in der Wissenschaft anrichten können, zu verwerfen und zu vermeiden.

Woher kommen die Nebennamen?

Man findet oft für eine Pflanze zwei verschiedene Gattungsnamen oder Artnamen. Diese Namen sind dadurch entstanden, daß Wissenschaftler, vollkommen unabhängig voneinander oder auch zu verschiedenen Zeiten, ein und derselben Pflanze je einen Namen gegeben oder über ihre Einreihung in das botanische System (Ordnung des Pflanzenreiches) verschiedener Ansicht waren.

Im allgemeinen ist die älteste Artbezeichnung gültig, also die zuerst gegebene (Prioritätsgrundsatz), die zusammen mit dem korrekten Gattungsnamen den richtigen Artnamen bildet.

Wenn man also in Büchern, Zeitschriften oder Preislisten einen „botanischen" Namen findet und dahinter in Klammern einen zweiten, dann bedeutet das, daß der eingeklammerte Name der Nebenname (ein Synonym) ist und nicht mehr gebraucht werden soll, wenn er auch in der Praxis noch bekannt ist.

Einige Beispiele:

Schusterpalme : *Aspidistra elátior* Bl. (*Plectógyne elátior* hort. – *Plectógyne variegáta* Link).

Weihnachtsstern : *Euphórbia pulchérrima* Willd. (*Poinséttia pulchérrima* Graham. – *Euphórbia poinsettiána* Buist.).

Gloxinie : *Sinníngia speciósa* Benth. et Hook. (*Gloxínia speciósa* Lodd. – *Ligéria speciósa* Decne.).

Cinerarie : *Senécio cruéntus* DC. *(Cinerária cruénta* L'Hér. – *Cinerária hýbrida* Willd.).

Die einzelnen großen Buchstaben oder Abkürzungen von Namen, wie sie bei den angegebenen Beispielen angeführt sind, geben die Namen der Botaniker an, die den Pflanzen den Namen gegeben haben. So bedeutet z. B. das Bl. hinter *Aspidistra elátior,* daß Dr. Carl Ludwig Blume, ein Forschungsreisender, der Namengeber ist, während das hort. die Abkürzung von hortorum = der Gärten ist und soviel besagt, daß es sich um einen in botanischen Gärten und Gärtnereien gebräuchlichen Namen handelt. Link, Heinrich Friedrich, war Direktor des Botanischen Gartens Berlin. Die oben angegebenen Autorenzitate (Link, Lodd., DC. usw.) haben nur Bedeutung im streng wissenschaftlichen Umgang und kommen deshalb in diesem Buch nicht zum Einsatz.

Botanische Namen
nicht mit Sortennamen verwechseln!

Die **botanischen** Namen werden für die jeweiligen Pflanzenarten (-gattungen usw.) von Botanikern (Wissenschaftlern) verbindlich und bis auf weiteres gültig festgelegt.

Die Benennung eines Taxons (= Sippe + Rangstufe) hat nicht eine Aussage über seine Merkmale oder seine Geschichte zum Zweck, sondern sie soll nur Verständigungsmittel für dieses Taxon sein.

Unter ,,Name'' wird ein solcher verstanden, der gültig veröffentlicht ist, gleichgültig ob er legitim (den Nomenklaturregeln entsprechend) oder illegitim (regelwidrig) ist.

Es heißt unter anderem: ,,Eine wirksame Veröffentlichung (Publikation) im Sinne des Code ist nur gegeben durch Verteilung (Verkauf, Tausch, Schenkung) gedruckter Schriften. Mitteilung neuer Namen in einer öffentlichen Sitzung, Aufstellung solcher in Sammlungen oder öffentlichen Gärten oder Ausgabe von Mikrofilmen, die von Manuskripten hergestellt sind, stellen keine wirksame Veröffentlichung dar.''

Ferner gilt: Ein Name eines Taxons rezenter (lebender) Pflanzen ist nur dann als gültig veröffentlicht anzusehen, wenn er

1. den Bedingungen der wirksamen Veröffentlichung entspricht und

2. wenn er nach den Regeln des Code formal richtig gebildet wird,

3. wenn ihm eine Beschreibung des Taxons oder ein (direkter oder indirekter) Hinweis auf eine frühere wirksam veröffentlichte Beschreibung beigegeben ist,

4. wenn er typisiert wird.

Jede Pflanze wird als zu einer Anzahl von Kategorien (Gruppen) gehörig behandelt, die eine fortlaufende Folge von einander untergeordneten Rangstufen bilden.

Die Grundkategorie dieser Folge ist die Art *(species)*.

Die Hauptkategorien oberhalb der Art sind in aufsteigender Reihenfolge: Gattung *(genus);* Familie *(familia);* Ordnung *(ordo);* Klasse *(classis);* Abteilung *(divisio);* das bedeutet, jede Art gehört zu einer Gattung, jede Gattung zu einer Familie usw.

In einigen Gattungen werden Sektionen *(sectiones)* und in einigen Familien Tribus *(tribus)* unterschieden.

In gleicher Weise kann nach denselben Grundsätzen die Art unterteilt werden; hierbei sind die gebräuchlichsten Kategorien in absteigender Reihenfolge: Unterart *(subspecies = subsp.),* Varietät *(varietas = var.)* und Form *(forma = f.).*

Die botanischen Namen in diesem Wörterbuch erstrecken sich von der Form bis zur Familie.

Die **Sortennamen** kommen aus der Praxis im Land-, Forst- und Gartenbau und sollen ein landesüblicher oder ein ,,Phantasie''-Name sein und sich von einem botanischen Beiwort in lateinischer Form deutlich unterscheiden.

Ein Name hat nach dem ,,Internationalen Code der Nomenklatur für Kulturpflanzen'' nur Bestand, wenn er gültig veröffentlicht oder offiziell registriert worden ist.

Die gültige Veröffentlichung (Publikation) wird bewirkt durch Verkauf oder Verteilung gedruckter oder ähnlich mechanisch vervielfältigter Schriften, die sowohl den Namen als auch die Beschreibung oder Definition der betreffenden Pflanzen (mit oder ohne Abbildung) oder einen Hinweis auf eine frühere veröffentlichte Beschreibung oder Definition in irgendeiner Sprache geben, die sich lateinischer Buchstaben (Antiqua) bedient. Die Erwähnung eines Sortennamens in einem Katalog oder einer Liste ohne Beschreibung oder Definition oder ohne Hinweis darauf ist keine gültige Veröffentlichung, sogar dann nicht, wenn eine Abbildung beigegeben ist.

Die Registrierung durch eine international anerkannte zuständige Registerstelle (,,Registration Authority" ist im Code mit ,,zuständige Registerstelle" übersetzt) gilt als gleichbedeutend mit einer gültigen Veröffentlichung.

Besteht keine internationale Registerstelle, so kann durch den Internationalen Ausschuß für Gartenbau-Nomenklatur und Registrierung der Name angenommen werden.

Der Name und die Beschreibung oder Definition müssen veröffentlicht werden in einer gärtnerischen oder botanischen Zeitschrift oder in einer Monographie (Schrift über ein Sondergebiet), einem Handbuch, einer gedruckten Liste registrierter Namen oder in einem anderen Standardwerk (Musterwerk) oder in einem Katalog, dessen Erscheinungsdatum bekannt ist; hierbei sollte möglichst der Züchter, Erhaltungszüchter oder Ersteinführer angegeben werden. Es ist wünschenswert, daß das Werk ausreichend dauerhaft hergestellt ist und daß Exemplare davon in Bibliotheken deponiert werden. Es ist auch wünschenswert, daß ein getrocknetes Exemplar der Pflanze in dem Herbarium eines Instituts niedergelegt wird, wenn möglich unter Beigabe einer farbigen Illustration. Fleischige Teile, z. B. Früchte, sollten in einer konservierenden Flüssigkeit aufbewahrt werden.

Die Kulturpflanzen erhalten Namen auf drei systematischen Rangstufen.

Namen auf diesen Rangstufen sind die

1. der **Gattung** oder der intergenerischen (zwischen Gattungen stehenden) Bastardgruppe (Bastardgattung), d. h.

    a) gewöhnliche Gattungsnamen, z. B. *Lilium,*

    b) *Namen, die auf bigenerische (Gattung × Gattung) Bastardgruppen angewendet werden, z. B. × Fatshédera (Fátsia × Hédera); × Mahobérberis (Mahónia × Bérberis).* Dem neuen Gattungsnamen wird das Kreuzungszeichen × vorangesetzt.

    c) Namen, die auf multigenerische (Gattung × mehrere Gattungen) Bastardgruppen angewendet werden, z. B. × *Potinára (Sophronítis × Brassávola × Cattléya × Lǣlia).* Dem neuen Gattungsnamen wird das Kreuzungszeichen × vorangesetzt. Die Endung *-ara* besagt, daß eine Kreuzung von drei oder mehr Gattungen vorliegt.

d) Namen von Pfropfchimären (Pfropfbastarden), die aus Angehörigen verschiedener Gattungen gebildet sind, z. B. + *Laburnocýtisus* (Labúrnum + *Cýtisus*).
Dem neuen Gattungsnamen wird das Zeichen + vorangestellt.

2. der **Art** oder interspezifischen (zwischen 2 oder mehreren Arten stehenden) Bastardgruppe (Bastardart), d. h.

a) der gewöhnliche Artname, z. B. *Lílium aurátum,*

b) oder für einen interspezifischen Bastard ein dem Artnamen vergleichbarer Name, z. B. *Lílium × parkmánnii (= Lílium speciósum × Lílium aurátum)*.
Der neuen Artbez. wird das Kreuzungszeichen × vorangesetzt.

c) Namen von Pfropfchimären (Pfropfbastarden), die aus Angehörigen verschiedener Arten derselben Gattung gebildet sind, z. B. *Syrínga + correláta (Syrínga × chinénsis + Syrínga vulgáris)*.
Der neuen Artbez. wird das Zeichen + vorangestellt.

3. der **Varietät** oder der **Sorte** (cultivar, Kulturvarietät = cv.)
Cultivar ist die internationale Bezeichnung für die Gruppe, die in verschiedenen Ländern unter verschiedenen Namen bekannt ist, z. B. „variety" in Englisch; „variété" in Französisch; „variedad" in Spanisch; „Sorte" in Deutsch; „sort" in skandinavischen Sprachen und in Russisch; „ras" oder „varieteit" in Holländisch; „razza" in Italienisch. Es steht jedem frei, die Bezeichnung cultivar oder eine gleichwertige zu gebrauchen.

Anmerkung im Code: „Der Ausdruck ‚Varietät', soweit er auf kultivierte Pflanzen angewendet wurde, umfaßte oft sowohl Material aus der Wildflora als auch nur in Kultur bekanntes Material. Es wird in diesem Code empfohlen, daß der Ausdruck ‚Varietät' (abgekürzt var.) nur auf Pflanzen beschränkt bleibt, die wildwachsend vorkommen und Namen in lateinischer Form nach den Vorschriften des ‚Internationalen Code der Botanischen Nomenklatur' erhalten können."

Die Rangstufe der Sorte haben auch

a) die **Linie,** das ist eine sich geschlechtlich vermehrende einheitliche Population (eine Vielheit von nicht völlig gleichen Individuen), die ausschließlich durch Samen oder Sporen vermehrt wird und deren Beständigkeit durch die Auslese auf einen Standard hin weiter erhalten wird. Die Abkürzung ln. kann dem Sortennamen vorangestellt werden, z. B. *Pétunia* ln. 'Rosy Morn';

b) der **Klon** (griechisch = Zweig, Sproß, Ableger, der zur Vermehrung abgeschnitten wird); er ist ein einheitliches Material, das, von einer Mutterpflanze stammend, ausschließlich vegetativ, z. B. durch Stecklinge,

Teilungen, Pfropfungen u. a. vermehrt wird. Die Abkürzung cl. kann dem Sortennamen vorangestellt werden, z. B. *Syrínga vulgáris* cl. 'Decaisne'.

Von Meriklonen spricht man heute dann, wenn die Vermehrung durch das Meristemverfahren im Rahmen der Gewebekultur das Pflanzenmaterial lieferte.

Schreibweise, Aussprache und Betonung der botanischen Namen und Sortennamen

Die **Familiennamen** werden mit großen Anfangsbuchstaben geschrieben und enden allgemein auf „áceae".

Die **Gattungsnamen** werden immer mit großen Anfangsbuchstaben geschrieben.

Die **Art-** und **Varietätsbezeichnungen** werden heute allgemein mit kleinen Anfangsbuchstaben geschrieben, auch wenn sie von Eigennamen abgeleitet sind.

Die **Sortennamen** werden mit großen Anfangsbuchstaben geschrieben und in Einzelanführungsstriche '...' gesetzt. Wesentlich ist, daß beide Striche (Häkchen) oben sind und doppelte (Gänsefüßchen) nicht verwendet werden, z. B. *Cýclamen pérsicum* 'Leuchtfeuer'.

In der botanischen Literatur werden die üblichen Anführungsstriche „..." verwendet, um falsch gebrauchte Namen zu kennzeichnen, z. B. „Flieder" für *Sambúcus;* „Mimose" für *Acácia.*

Ein Sortenname kann auch gekennzeichnet werden durch Vorsetzen von cv. (cultivar); in diesem Falle sind die Einzelanführungsstriche '...' nicht notwendig, z. B. *Cýclamen pérsicum* cv. Leuchtfeuer. Werden die Häkchen dennoch gesetzt, widerspricht es nicht den Regeln.

Frühere Sortennamen in lateinischer Form bleiben erhalten, werden mit großen Anfangsbuchstaben geschrieben, aber in Einzelanführungsstriche '...' gesetzt, z. B. *Thúja orientális* 'Elegantíssima'.

Über **Aussprache** und **Betonung** bestehen keine botanischen Regeln, da beide in das philologische Gebiet (Sprachwissenschaft) gehören und die Auffassungen darüber unterschiedlich sind.

Im „Handwörterbuch der Pflanzennamen", 10. Auflage, 1972, heißt es:

„1. für Selbstlaute (Vokale)
   a) **Alle Selbstlaute** werden **getrennt** gesprochen, z. B. *le-i-ánthus,* nicht lei-ánthus (glattblumig).

b) Das **i wird stets wie i,** nie wie j gesprochen, z. B. *ionánthus,* nicht jonánthus (veilchenblütig).

c) Das zu den Selbstlauten gezählte y wird **am Wortanfang wie j, innerhalb des Wortes wie ü** gesprochen, z. B. *yúlan* (Artbezeichnung einer Magnolie), sprich juhlan; *scotophýllus,* sprich skotofühl-lus (dunkelblättrig) – nicht zu verwechseln mit *scotóphilus;* sprich skotófilus (schattenliebend).

2. für Mitlaute (Konsonanten)

a) **Alle c vor e, i, y wie z, sonst wie k,** z. B. *Ácer, Círsium, Cacália, Cúcumis* sprich wie Ázer, Zirsium, Kakália, Kúkumis, **cc stets wie kz,** *coccineus,* sprich wie kokzine-us (scharlachrot). (Dem steht noch unentschieden die – wohlbegründete! – Lehrmeinung gegenüber, daß **alle** c wie k zu sprechen sind.)

b) Das **sch in rein griechischen Wörtern stets wie sk; in lateinischen wie sch** (beachte: alle Pflanzennamen werden nach lateinischen Regeln behandelt!). Für **ch** allein besteht keine Regel. (Vgl. die übliche Aussprache des ch in den drei deutschen Namen Eiche, Buche, Buchsbaum!)

c) **Alle ti stets wie ti,** nie wie zi; z. B. *lutetiánus,* sprich lutetiánus (nicht luteziánus!) (pariserisch).

d) **gu, qu, su vor Selbstlauten stets wie gw, qw, sw,** z. B. *guineénsis, Quércus, suécicus,* sprich gwine-ehnsis, Kwérkus, swézikus oder swékikus.

e) **v stets wie w;** z. B. *Víola,* Wiola.

f) Alle **Doppelmitlaute** sind als zwei Laute zu sprechen; z. B. *Scílla,* sprich Szil-la, *serrátus,* sprich ser-rátus."

Über die Betonung ist zu sagen, daß sie sich nach der Länge der Selbstlaute richtet, die aber in der griechischen und lateinischen Sprache auch wieder verschieden ist. Es ist deshalb schwierig, die richtige Betonung zu finden, wenn man nicht gleichzeitig Regeln und Wortschatz der betreffenden Sprache beherrscht.

Für den praktischen Gebrauch ergibt sich daher als sicherstes Mittel die **Gewöhnung an die richtige Betonung.** Um diese zu erreichen, empfiehlt es sich, die Namen immer mit den richtigen Betonungszeichen zu schreiben und auch zu drucken, z. B. in den Preisverzeichnissen.

Die Betonung liegt auf der Silbe, die ein Zeichen trägt ('). Umlaute haben als Betonungszeichen einen Querstrich mit Akzent *(aͤu, aͤe, oͤe)*, z. B. *aͤureus, Dracͤaͤena, Cratͤaͤegus, Microcoͤelum.*

Allgemein kann man sich merken:

Zweisilbige Wörter werden auf der ersten Silbe betont, z. B. *álbus* (= weiß); *rósa* (= rosa); *Béllis* (= Gänseblümchen).

Bei mehrsilbigen Wörtern liegt die Betonung auf der vorletzten Silbe, wenn diese lang ist, dagegen auf der drittletzten, wenn die vorletzte kurz ist, z. B. *lignósus* (= holzig), *bulbósus* (= zwiebelig); *Campánula schéüchzeri* (= Scheuchzers Glockenblume).

Einige Hinweise zur Anwendung von Familien- und Artnamen in der Praxis

Leichtfertigkeit und Gleichgültigkeit im Umgang mit wissenschaftlichen Pflanzennamen können in zunehmendem Maße beobachtet werden. Das ist dem Ansehen der Gärtner und Floristen abträglich. Nicht selten ist aber auch Unkenntnis die Quelle von Fehlern. Einige gravierende sollen nachfolgend zwecks Ausmerzung aufgezeigt werden.

Selbst in Fachzeitschriften kann man manchmal etwa lesen: ,,*Quámoclit lobáta* ist eine *Convolvuláceae*". ,,Die gelappte Sternwinde ist eine Windengewächse". So hieße es dann in der deutschen Übersetzung. Der Fehler ist damit nachgewiesen. Die wissenschaftlichen Familiennamen stehen immer im Nominativ des Plurals einer a-Deklination, wie der Lateiner sagt. ,,Der Familienname der Art *Quámoclit lobáta* lautet *Convolvuláceae*". Das wäre in diesem Fall eine korrekte Handhabung. Man kann jedoch auch von der Familie der *Geraniceen, Primulaceen, Convolvulaceen* usw. sprechen.

Sogar der Ausbilder spricht vielleicht von 500 Omoriken, die verkauft werden sollen. Die in Rede stehende Art heißt aber vollständig *Picea omórika,* was immer beachtet werden sollte.

Im übrigen werden die Arten stets im Singular (in der Einzahl) angegeben und stehen gleichzeitig für die Mehrzahl. Beispielsweise wurden 1000 *Cýclamen pérsicum* umgetopft. 1000 *Cyclámina pérsica* zählt noch nicht einmal der eventuell altphilologisch sorgfältig geschulte Botaniker auf, obschon diese Pluralbildung nach den Deklinationsregeln der lateinischen Sprache an sich richtig wäre.

Noch etwas sei gesagt. Dieses Wörterbuch arbeitet – wie auch andere Werke – mit Betonungszeichen über bestimmten Buchstaben oder Silben der wissenschaftlichen Pflanzennamen. Schon der Auszubildende sollte ernsthaft bestrebt sein, entsprechend zu betonen. Die Mühewaltung ist leicht. Sie zahlt sich aus.

Einjährige Pflanzen

Sommerannuelle und Winterannuelle ⊙

(Blumen, die als einjährige Pflanzen kultiviert werden können.
Bedeutung der Zahlen hinter den Artnamen siehe S. 145)

Abelmóschus	moschátus	2	Moschusvater	Malváceae
Abrónia	umbelláta	1	Abronie	Nyctagináceae
Adónis	aléppica	1	Sommerbluts-tröpfchen	Ranuculáceae
Agératum	houstoniánum	3	Ageratum	Asteráceae
Agróstis	nebulósa	1a	Straußgras	Poáceae
Alónsoa	meridionális	3	Alonsoa	Scrophulariáceae
Alcéa	rósea	1a	Stockmalve	Malváceae
Alýssum	marítimum		siehe gültig bei Lobularia maritima	
Amaránthus	caudátus	3	Gartenfuchsschwanz	Amarantháceae
Amaránthus	hýbridus		Bastard-Fuchsschwanz	
Amaránthus	retrofléxus	3	Ackerfuchsschwanz	
Amberbóa	moscháta	1	Duftflockenblume	Asteráceae
Ammóbium	alátum	5	Papierknöpfchen	Asteráceae
Anagállis	monélli subsp. linifólia	1a	Gauchheil	Primuláceae
Anastática	hierochúntica	1a	Rose von Jericho	Brassicáceae
Anchúsa	capénsis	4	Ochsenzunge	Boragináceae
Antirrhínum	május	1a	Löwenmaul	Scrophulariáceae
Arctótis	breviscápa	5	Bärenohr	Asteráceae
Argemóne	polyánthemos	1	Stachelmohn	Papaveráceae
Artemísia	ánnua	1,2	Artemisia	Asteráceae
Asteríscus	pygmáeus	1a	Rose von Jericho	Asteráceae
Begónia	grácilis	3	Begonie, Schiefblatt	Begoniáceae
Begónia	-Semperflórens -Hybriden		Begonie, Schiefblatt	
Brachý(s)come	iberidifólia	5	Brachycome	Asteráceae
Bríza	máxima	1a	Zittergras	Poáceae
Calandrínia	umbelláta	3	Calandrine	Portulacáceae
Caléndula	officinális	1a	Garten-Ringelblume	Asteráceae
Callístephus	chinénsis	1	Sommeraster	Asteráceae
Cánnabis	satíva	1,2	Hanf	Moráceae
Cardiospérmum	halicácabum	3	Ballonpflanze	Sapindáceae
Celósia	argéntea	2	Celosie	Amarantháceae
	var. cristáta		Hahnenkamm	
	var. plumósa		Federbusch-Celosie	
Centauréa	americána	1,3	Flockenblume	Asteráceae
Centauréa	cýanus	1a	Kornblume	

Centránthus	macrósiphon	1a	Spornblume	Valerianáceae
Cerínthe	májor	1a	Wachsblume	Boragináceae
Chrysánthemum	carinátum	1a	Wucherblume	Asteráceae
Chrysánthemum	coronárium	1a	Wucherblume	
Chrysánthemum	ségetum	1	Wucherblume	
Chrysánthemum	× spectábile		Wucherblume	
Clárkia	unguiculáta	1	Clarkie	Onagráceae
Clárkia	pulchélla	1	Clarkie	
Cleóme	spinósa	3	Cleome, Spinnen-pfl.	Capparáceae
Cobaea	scándens	3	Glockenrebe	Polemoniáceae
Cóix	lácryma-jóbi	2	Hiobsträne	Poáceae
Collínsia	heterophýlla	1	Collinsie	Scrophulariáceae
Collínsia	vérna	1	Collinsie	
Collómia	cavanillésii	3	Collomie, Leimsaat	Polemoniáceae
Coreópsis	basális	3	Mädchenauge	Asteráceae
Coreópsis	bigelóvii	1	Mädchenauge	
Cósmos	bipinnátus	3	Kosmee, Schmuck-körbchen	Asteráceae
Crépis	rúbra	1a	Pippau	Cichoriáceae
Cucúrbita	pépo	3	Kürbis	Cucurbitáceae
Cuphéa	lanceoláta	3	Köcherblümchen	Lythráceae
Datúra	ceratocaúla	3	Stechapfel	Solanáceae
Delphínium	ajácis	1a	Garten-Rittersporn	Ranunculáceae
Delphínium	consólida	1	Acker-Rittersporn	
Diánthus	chinénsis	1	Chinesische Nelke	Caryophylláceae
Didíscus	caerúleus	5	Blaudolde	Apiáceae
Dimorphothéca	pluviális	4	Kapkörbchen	Asteráceae
Dimorphothéca	sinuáta	4	Kapkörbchen	
Dorotheánthus	bellidifórmis	4	Dorotheanthus	Aizoáceae
Eccremocárpus	scáber	3	Schönranke	Bignoniáceae
Echium	plantagíneum	1a	Natterkopf	Boragináceae
Eródium	gruínum	1a	Reiherschnabel	Geraniáceae
Erýsimum	perovskiánum	1	Schöterich	Brassicáceae
Eschschóltzia	califórnica	1	Goldmohn	Papaveráceae
Fibígia	clypeáta	1a	Schildkresse	Brassicáceae
Gaillárdia	amblýodon	3	Kokardenblume	Asteráceae
Gaillárdia	pulchélla var. pícta	1	Kokardenblume	
Gazánia	lineáris	4	Gazanie	Asteráceae
Gazánia	-Hybriden		Gazanie	
Gília	tricolor	1	Gilie	Polemoniáceae
Glaúcium	corniculátum	1	Roter Hornmohn	Papaveráceae

Godétia	amóéna	1	Godetie, Atlasblume	Onágráceae
Godétia	grandiflóra	1	Godetie, Atlasblume	Onagráceae
Gomphréna	globósa	3	Kugelamarant	Amarantháceae
Gypsóphila	élegans	1	Schleierkraut	Caryophylláceae
Heliánthus	ánnuus	1,3	Sonnenblume	Asteráceae
Helichrýsum	bracteátum 'Monstrósum'	5	Garten-Strohblume	Asteráceae
Heliotrópium	arboréscens	3	Heliotrop	Boragináceae
Helípterum	humboldtiánum	5	Sonnenflügel	Asteráceae
Helípterum	róseum	5	Sonnenflügel	
Hibíscus	triónum	1	Stundeneibisch	Malváceae
Hórdeum	jubátum	1,3	Mähnengerste	Poáceae
Húmulus	scándens	1	Japanischer Hopfen	Moráceae
Hunnemánnia	fumariifólia	3	Hunnemannie	Papaveráceae
Ibéris	amára	1	Schleifenblume	Brassicáceae
Ibéris	umbelláta	1a	Schleifenblume	
Impátiens	balsámina	1,2	Balsamine, Springkr.	Balsamináceae
Ipomóéa	purpúrea	3	Prunkwinde	Convolvuláceae
Ipomóéa	trícolor	3	Prunkwinde	
Kóchia	scopária 'Trichophylla'	1	Besenkraut Rote Sommerzypresse	Chenopodiáceae
Lantána	-Camára -Hybriden		Wandelröschen	Verbenáceae
Láthyrus	odorátus	1a	Wohlriech. „Wicke"	Fabáceae
Lavátera	triméstris	1a	Sommer-Lavatere	Malváceae
Laýia	platyglóssa	1	Laya	Asteráceae
Limnánthes	douglásii	1	Sumpfblume	Limnantháceae
Limónium	suworówii	1	„Statice", Widerstoß	Plumbagináceae
Linária	alpína	1	Leinkraut	Scrophulariáceae
Linária	Bipartíta -Hybriden		Leinkraut	
Línum	grandiflórum	1a	Lein	Lináceae
Loása	úrcns	3	Loasa	Loasáccac
Lobélia	erínus	4	Lobelie	Campanuláceae
Lobulária	marítima	1a	Duft-Steinrich	Brassicáceae
Malópe	trífida	1a	Malope	Malváceae
Matthíola	incána 'Annua'	1a	Sommerlevkoje	Brassicáceae
Matthíola	incána 'Autumnális'		Herbstlevkoje	

Mentzélia	lindléyi	1	Mentzelie	Loasáceae
Mesembry-	crystállinum	4	Mittagsblume	Aizoáceae
ánthemum				
Molucella	láevis	1	Muschelblume	Lamiáceae
Nemésia	-Hybriden		Nemesie	Scrophulariáceae
Nemóphila	menziésii	1	Hainblume	Hydrophylláceae
Nicándra	physalódes	3	Nicandra	Solanáceae
Nicotiána	× sánderae		Tabak	Solanáceae
Nigélla	damascéna	1a	Jungfer im Grünen	Ranunculáceae
Omphalódes	linifólia	1	Weißes Sommer-Vergißmeinnicht	Boragináceae
Papáver	gláucum	1	Tulpenmohn	Papaveráceae
Papáver	rhóeas	1	Klatschmohn	
Papáver	somniferum	1a	Schlafmohn	
Penstémon	-Barbátus--Hybriden		Penstemon	Scrophulariáceae
Perílla	frutéscens	1,2	Schwarznessel	Lamiáceae
Petúnia	-Hybriden		Gartenpetunie	Solanáceae
Phacélia	campanulária	1	Phacelie	Hydrophylláceae
Phaséolus	coccíneus	3	Feuer-, Prunkbohne	Fabáceae
Phlox	drummóndii	3	Einjahrsphlox	Polemoniáceae
Polýgonum	orientále	2	Orient-Knöterich	Polygonáceae
Portuláca	grandiflóra	3	Großblütiger Portulak	Portulácaceae
Reséda	odoráta	1a	Gartenreseda	Resedáceae
Rícinus	commúnis	2	Wunderbaum, Palma Christi	Euphorbiáceae
Rudbéckia	hírta	1	Rudbeckie	Asteráceae
Salpiglóssis	sinuáta	1	Trompetenzunge	Solanáceae
Sálvia	farinácea	3	Salvie	Lamiáceae
Sàlvia	spléndens	3	Salbei, Prachtsalbei	
Sálvia	víridis	1a	Salbei	
Sanvitália	procúmbens	3	Sanvitalie	Asteráceae
Saponária	calábrica	1a	Seifenkraut	Caryophylláceae
Scabiósa	atropurpúrea	1a	Skabiose	Dipsacáceae
Schizánthus	-Wisetonénsis-Hybriden		Spaltblume	Solanáceae
Sédum	caerúleum	1a	Fetthenne	Crassuláceae
Senécio	bícolor	1a	Kreuzkraut	Asteráceae
Senécio	élegans	4	Kreuzkraut	
Siléne	cóeli-rósa	1a	Himmelsröschen, Leimkraut	Caryophylláceae

Státice siehe gültig bei Limónium

Tagétes	Erécta		Sammetblume	Asteráceae
	-Hybriden			
Tagétes	Pátula		Sammetblume	Asteráceae
	-Hybriden			
Thunbérgia	aláta	4	Schwarze Susanne	Acantháceae
Torénia	fourniéri	2	Torenie	Scrophulariáceae
Tropaeolum	május	3	Kapuzinerkresse	Tropaeoláceae
Verbéna	bonariénsis	3	Verbene	Verbenáceae
Verbéna	-Hybriden		Garten-Verbene	
Verbéna	rígida	3	Verbene	
Xeránthemum	ánnuum	1,2	Papierblume	Asteráceae
Zínnia	élegans	3	Zinnie	Asteráceae

Zweijährige Pflanzen

Bienne Pflanzen ⊙

(Blumen, die als zweijährige Pflanzen kultiviert werden können.
Bedeutung der Artnamen hinter den Zahlen siehe S. 145)

Alcéa	**rósea**	1a	Stockmalve, Stockrose	Malváceae
Béllis	**perénnis**	1	Gänseblümchen	Asteráceae
Campánula	**médium**	1,1a	Marienglocken-blume	Campanuláceae
Campánula	**thyrsoídes**	1	Glockenblume	
Cheiranthus	**cheíri**	1a	Goldlack	Brassicáceae
Diánthus	**barbátus**	1	Bartnelke	Caryophylláceae
Digitális	**purpúrea**	1,1a	Fingerhut	Scrophulariáceae
Erýngium	**gigantéum**	1	Elfenbeindistel	Apiáceae
Heacléum	**mantegazziánum**	1	Herkuleskraut	Apiáceae
Limónium	**bonduéllei**	1a	„Statice", Widerstoß	Plumbagináceae
Limónium	**sinuátum**	1a	„Statice", Widerstoß	
Lunária	**ánnua**	1a	Judas-Silberling	Brassicáceae
Matthíola	**incána**	1a	Winterlevkoje	Brassicáceae
Myosótis	**'Hiberna'-Hybriden**		Vergißmeinnicht	Boragináceae
Onopórdum	**acánthium**	1	Eselsdistel	Asteráceae
Oenothéra	**erythrosépala**	1	Nachtkerze	Onagráceae
Verbáscum	**olýmpicum**	1a	Königskerze	Scrophulariáceae
Víola	**-Wittrockiána -Hybriden**		Gartenstief-mütterchen	Violáceae

Freilandstauden

Perennierende Pflanzen ♃

(Bedeutung der Zahlen hinter den Artnamen siehe S. 145)

Acaéna	**buchanánii**	2	Stachelnüßchen	Rosáceae
Acaéna	**microphýlla**	2	Stachelnüßchen	
Acaéna	**nóvae-zelándiae**	2	Stachelnüßchen	
Acantholímon	**glumáceum**	1	Igelpolster	Plumbagináceae
Acánthus	**hungáricus**	1	Akanthus	Acantháceae
Acánthus	**móllis**	1a	Akanthus	
Achilléa	**ageratifólia**	1	Silbergarbe	Asteráceae
Achilléa	**filipendulína**	1	Garbe	
Achilléa	**millefólium**	1,2,5	Schafgarbe	
Achilléa	**ptármica**	1	Sumpfgarbe	
Achilléa	**tomentósa**	1	Gelbe Garbe	
Aconítum	**× aréndsii**		Eisenhut	Ranunculáceae
Aconítum	**carmichaélii var. wílsonii**	1	Eisenhut	
Aconítum	**físcheri**	1	Eisenhut	
Aconítum	**napéllus**	1	Eisenhut, Sturmhut	
Actáea	**spicáta**	1	Schwarzfrüchtiges Christophskraut	Ranunculáceae
Actáea	**pachýpoda**	1	Christophskraut	
Adiántum	**pedátum**	1	Pfauenradfarn	Adiantáceae
Adónis	**vernális**	1	Adonisröschen	Ranunculáceae
Ajuga	**réptans**	1	Güldengünsel	Lamiáceae
Alchemílla	**alpína**	1	Frauenmantel	Rosáceae
Alchemílla	**móllis**	1	Frauenmantel	
Alýssum	**saxátile**	1	Felsensteinkraut	Brassicáceae
Anáphalis	**margaritácea**	1	Silberimmortelle	Asteráceae
Anáphalis	**triplinérvis**	1	Perlkörbchen	
Andrósace	**sarmentósa**	1	Mannsschild	Primuláceae
Anemóne	**apennína**	1a	Anemone	Ranunculáceae
Anemóne	**blánda**	1	Anemone	
Anemóne	**coronária**	1a	Anemone	
Anemóne	**hupehénsis**	1	Herbstanemone	
Anemóne	**-Japónica -Hybriden**		Anemone	
Anemóne	**nemorósa**	1	Buschwindröschen	
Anemóne	**sylvéstris**	1	Anemone	
Antennária	**dioíca**	1	Katzenpfötchen	Asteráceae
Ánthemis	**marschalliána**	1	Goldkamille	Ásteráceae
Ánthemis	**tinctória**	1	Färber-Kamille	

Anthýllis	montána	1,1a	Bergwundklee	Fabáceae
Aquilégia	chrysántha	1	Akelei	Ranunculáceae
Aquilégia	-Hybriden		Akelei	
Aquilégia	vulgáris	1,1a	Akelei	
Árabis	× aréndsii		Gänsekresse	Brassicáceae
Árabis	caucásica	1,1a	Gänsekresse	
Arenária	montána	1a	Sandkraut	Caryophylláceae
Árabis	procúrrens	1	Gänsekresse	Brassicáceae
Árabis	× suendermánnii		Gänsekresse	
Arméria	marítima	1	Grasnelke	Plumbagináceae
Ártemísia	schmidtíana	1	Edelraute	Asteráceae
Artemísia	stelleriána	1	Edelraute	
Artemísia	umbellifórmis	1	Edel-, Silberraute	
Arúncus	dioícus	1	Geißbart	Rosáceae
Arúndo	dónax	1,3	Pfahlrohr	Poáceae
Ásarum	europáēum	1	Haselwurz	Aristolochiáceae
Asphodelíne	lútea	1a	Junkerlilie	Liliáceae
Asphódelus	álbus	1,1a	Affodill	Liliáceae
Asplénium	adiántum-nígrum	1,1a	Streifenfarn	Aspleniáceae
Asplénium	rúta-murária	1,1a	Mauerraute	
Asplénium	trichómanes	1–5	Steinfeder	
Áster	alpínus	1	Alpenaster	Asteráceae
Áster	améllus	1	Bergaster	
Áster	cordifólius	1	Schleieraster	
Áster	divaricátus	1	Sperrige Aster	
Áster	-Dumósus -Hybriden		Zwergherbstaster	
Áster	ericoídes	1	Aster	
Áster	linosýris	1	Goldhaaraster	
Áster	nóvae-ángliae	1	Rauhblattaster	
Áster	nóvi-bélgii	1	Glattblattaster	
Áster	tongolénsis	1	Frühlingsaster	
Astilbe	-Aréndsii -Hybriden		Astilbe	Saxífragáceae
Astílbe	chinénsis	1	Astilbe	
Astílbe	-Japónica -Hybriden		Astilbe	
Astílbe	-Thunbérgii -Hybriden		Astilbe	
Astrágalus	centralpínus	1	Tragant	Fabáceae
Astrántia	május	1,1a	Sterndolde	Apiáceae
Athýrium	filix-fémina	1,1a,3	Frauenfarn	Athyriáceae

Aubriéta	-Hybriden		Aubrietie,	Brassicáceae
			Blaukissen	
Azorélla	trifurcáta	3	Andenpolster	Apiáceae
Bergénia	cordifólia	1	Bergenie	Saxifragáceae
Bergénia	crassifólia	1	Bergenie	
Bléchnum	spícant	1	Rippenfarn	Blechnáceae
Boutelóűa	oligostáchya	1,3	Moskitogras	Poáceae
Bríza	média	1	Zittergras	Poáceae
Brúnnera	macrophýlla	1	Kaukasusvergiß-	Boragináceae
			meinnicht	
Buglossoídes	purpúreo-		Steinsame	Borogináceae
	caerúlea	1		
Buphthálmum	salicifólium	1	Ochsenauge	Asteráceae
Calamagróstis	× acutiflóra		Reitgras	Poáceae
Campánula	carpática	1	Glockenblume	Campanuláceae
Campánula	cochleariifólia	1	Glockenblume	
Campánula	gargánica	1,1a	Glockenblume	
Campánula	glomeráta	1	Knäuel-	
			Glockenblume	
Campánula	latifólia	1	Glockenblume	
Campánula	persicifólia	1	Glockenblume	
Campánula	porten-		Glockenblume	
	schlagiána	1		
Campánula	poscharskyána	1a	Glockenblume	
Cárex	buchanánii	2	Segge	Cyperáceae
Cárex	morrówii	1	Segge	
Carlína	acaúlis	1,1a	Silberdistel	Asteráceae
Carlína	vulgáris	1	Eberwurz	
Centauréa	dealbáta	1	Flockenblume	Asteráceae
Centauréa	macrocéphala	1	Flockenblume	
Centauréa	montána	1,1a	Flockenblume	
Centránthus	rúber	1,1a	Spornblume	Valeríanáceae
Cerástium	biebersteínii	1	Hornkraut	Caryophylláceae
Cerástium	tomentósum	1a	Hornkraut	
	var. colúmnae			
Ceratostígma	plumbagi-		Ceratostígma	Plumbagináceae
	noídes	1,1a		
Chelóne	oblíqua	1	Chelone	Scrophulariáceae
Chiastophýllum	oppositítótium	1	Goldtröpfchen	Crassuláceae
Chrysánthe-	coccíneum	1	Bunte Margeríte	Asteráceae
mum s. S. 35			„Pyrethrum"	
Chrysánthe-	-Índicum		Chrysantheme	
mum s. S. 35	-Hybridcn			

Chrysánthe- mum, s. S. 35	leucánthemum	1	Wiesenmargerite	Asteráceae
Chrysánthe- mum s. S. 35	máximum	1	Sommermargerite	
Chrysógonum	virginiánum	1	Goldkörbchen	Asteráceae
Cimicífuga	cordifólia	1	Silberkerze	Ranunculáceae
Cimicífuga	japónica	1	Silberkerze	
Cimicífuga	racemósa	1	Silberkerze	
Cimicífuga	símplex	1	Silberkerze	
Convallária	majális	1	Maiglöckchen	Lilíáceae
Coreópsis	grandiflóra	1,3	Mädchenauge	Asteráceae
Coreópsis	lanceoláta	1,3	Mädchenauge	
Coreópsis	verticilláta	1	Mädchenauge	
Coroníla	coronáta	1,1a	Kronwicke	Fabáceae
Cortadéria	selloána	3	Pampasgras	Poáceae
Corýdalis	lútea	1,1a	Lerchensporn	Papaveráceae
Cótula	dioíca	2	Laugenblume	Asteráceae
Cótula	squálida	2	Laugenblume	
Crámbe	cordifólia	1	Meerkohl	Brassicáceae
Cýclamen	cóum	1	Alpenveilchen	Primuláceae
Cýclamen	hederifólium	1a	Alpenveilchen	
Cýclamen	purpuráscens	1	Alpenveilchen	
Cystópteris	bulbífera	1	Bulbenblasenfarn	Athyriáceae
Cystópteris	frágilis	1–5	Felsblasenfarn	
Delphínium	-Hybriden		Garten-Rittersporn	Ranunculáceae
Deschámpsia	caespitósa	1,2	Schmiele	Poáceae
Diánthus	arenárius	1	Sandnelke	Caryophylláceae
Diánthus	carthusianórum	1	Kartäusernelke	
Diánthus	caryophýllus	1a	Gartennelke	
Diánthus	deltoídes	1	Heidenelke	
Diánthus	gratianopo- litánus	1,1a	Pfingstnelke	
Diánthus	plumárius	1	Echte Federnelke	
Diánthus	supérbus	1	Prachtnelke	
Dicéntra	exímia	1	Tränendes Herz	Papaveráceae
Dicéntra	formósa	1	Tränendes Herz	
Dicéntra	spectábilis	1	Tränendes Herz	
Dictámnus	álbus	1,1a	Diptam	Rutáceae
Dodecátheon	meádia	1	Götterblume	Primuláceae
Dorónicum	orientále	1	Gemswurz	Asteráceae
Dorónicum	plantagíneum	1	Gemswurz	
Drába	aizoídes	1	Hungerblümchen	Brassicáceae
Drósera	rotundifólia	1,1a	Sonnentau	Droseráceae
Drýas	× suendermánnii		Silberwurz	Rosáceae

Dryópteris	affínis	1,2	Goldschuppenfarn	Aspidiáceae
Dryópteris	filix-más	1,3	Wurmfarn	
Echínops	bannáticus	1	Kugeldistel	Asteráceae
Echínops	rítro	1,1a	Kugeldistel	
Echínops	sphaerocé-		Kugeldistel	Asteráceae
	phalus	1,1a		
Echioídes	longiflórum	1	Prophetenblume	Boragináceae
Epimédium	grandiflórum	1	Elfenblume	Berberidáceae
Epimédium	× rúbrum		Elfenblume	
Epimédium	× versícolor		Elfenblume	
Epimédium	× youngiánum		Elfenblume	
Eremúrus	elwésii		Steppenkerze	Liliáceae
Eremúrus	robústus	1	Steppenkerze	
Eremúrus	spectábilis	1	Steppenkerze	
Eremúrus	stenophýllus	1	Steppenkerze	
Eriánthus	ravénnae	1a,2	Seidengras	Poáceae
Erígeron	karvinskiánus	3	Berufkraut	Asteráceae
Erígeron	speciósus	1	Berufkraut	
Erínus	alpínus	1,1a	Alpenbalsam	Scrophulariáceae
Erýngium	alpínum	1	Alpendistel	Apiáceae
Erýngium	amethýstinum	1a	Edeldistel	
Erýngium	plánum	1	Edeldistel	
Erýngium	× zabélii		Edeldistel	
Euphórbia	myrsinítes	1a	Wolfsmilch	Euphorbiáceae
Euphórbia	polychróma	1	Wolfsmilch	
Festúca	cinérea	1,1a	Blauschwingel	Poáceae
Festúca	maïrei	1a	Roter Schwingel	
Festúca	scopária	1	Bärenfellschwingel	
Filipéndula	vulgáris	1,1a	Mädesüß	Rosáceae
Filipéndula	ulmária	1	Mädesüß	
Gaillárdia	-Hybriden		Kokardenblume	Asteráceae
Galeóbdolon	lúteum		siehe gültig bei **Lamiástrum**	
Gálium	odorátum	1,1a	Waldmeister	Rubiáceae
Gentiána	angustifólia	1	Enzian	Gentianáceae
Gentiána	clúsii	1	Enzian	
Gentiána	acaúlis	1,1a	Enzian	
Gentiána	septémfida	1	Enzian	
Gentiána	síno-ornáta	1	Enzian	
Geránium	endréssii	1	Storchschnabel	Geraniáceae
Geránium	macrorrhízum	1	Storchschnabel	
Geránium	platypétalum	1	Storchschnabel	
Geránium	sanguíneum	1	Storchschnabel	
Geránium	wallichiánum	1	Storchschnabel	
Géum	-Hybriden		Gebirgsnelkenwurz	Rosáceae

Goniolímon	tatáricum	1,1a	Statice	Plumbagináceae
Gunnéra	tinctória	3	Gunnera	Haloragáceae
Gypsóphila	paniculáta	1	Schleierkraut	Caryophylláceae
Gypsóphila	répens	1,1a	Schleierkraut	Caryophylláceae
Helénium	autumnále	1	Sonnenbraut	Asteráceae
Helénium	bigelóvii	1	Sonnenbraut	
Helénium	-Hybriden		Sonnenbraut	
Heliánthemum	-Hybriden		Sonnenröschen	Cistáceae
Heliánthus	atrórubens	1	Sonnenblume	Asteráceae
Heliánthus	decapétalus	1	Sonnenblume	
Heliánthus	× laetiflórus		Sonnenblume	
Heliánthus	salicifólius	1	Sonnenblume	
Helictótrichon	sempérvirens	1a	Blaustrahlhafer	Poáceae
Heliópsis	helianthoídes var. scábra	1	Sonnenauge	Asteráceae
Helléborus	guttátus	1	Nieswurz	Ranunculáceae
Helléborus	-Hybriden		Garten-Nieswurz	
Helléborus	níger	1	Christrose	
Hemerocállis	aurantíaca	1	Taglilie	Liliáceae
Hemerocállis	citrína	1	Taglilie	
Hemerocállis	fúlva	1	Taglilie	
Hemerocállis	middendórffii	1	Taglilie	
Hepática	nóbilis	1	Leberblümchen	Ranunculáceae
Heracléum	pubescens	1	Herkuleskraut	Apiáceae
Heracléum	stevénii	1	Herkuleskraut	
Hésperis	matronális	1	Nachtviole	Brassicáceae
Héuchera	-Hybriden		Heuchera	Saxifragáceae
× Heucherélla	álba		Heucherella	Saxifragáceae
Hierácium	aurantíacum	1	Habichtskraut	Cichoriáceae
Hósta	fortúnei	1	Funkie	Liliáceae
Hósta	lancifólia	1	Funkie	
Hósta	siebóldii	1	Funkie	
Hósta	unduláta	1	Funkie	
Hósta	ventricósa	1	Funkie	
Ibéris	saxátilis	1a	Schleifenblume	Brassicáceae
Ibéris	sempérvirens	1a	Schleifenblume	
Incarvíllea	delaváyi	1	Incarvillee	Bignoniáceae
Incarvíllea	maírei	1	Incarvillee	
Ínula	eusifólia	1,1a	Alant	Asteráceae
Ínula	helénium	1a	Alant	
Ínula	orientális	1	Alant	
Kniphófia	uvária	4	Tritome	Liliáceae
Koeléria	gláuca	1	Koelerie	Poáceae
Lamiástrum	galeóbdolon	1	Goldnessel	Lamiáceae

Láthyrus	latifólius	1,1a	Staudenplatterbse	Fabáceae
Láthyrus	vérnus	1	Frühlingsplatterbse	
Leontopódium	alpínum	1	Edelweiß	Asteráceae
Lëÿmus	arenárius	1	Strandhafer	Poáceae
Líatris	spicáta	1	Prachtscharte	Asteráceae
Ligulária	dentáta	1	Ligularie	Asteráceae
Ligulária	× héssei		Ligularie	
Ligulária	przewálskii	1	Ligularie	
Ligulária	sibírica	1	Ligularie	
Ligulária	stenocéphala	1	Ligularie	
Ligulária	tangútica	1	Ligularie	
Linária	cymbalária	1a	Zymbelkraut	Scrophulariáceae
Limónium	latifólium	1	Widerstoß	Plumbagináceae
Línum	flávum	1	Lein	Lináceae
Línum	perénne	1,1a	Lein	
Lupínus	-Polyphýllus -Hybriden		Stauden-Lupine	Fabáceae
Lúzula	sylvática	1–3	Waldsimse	Juncáceae
Lýchnis	chalcedónica	1	Brennende Liebe	Caryophylláceae
Lýchnis	coronária	1	Vexiernelke	
Lýchnis	flós-cucúli	1	Kuckucksblume	
Lýchnis	-Haageána -Hybriden		Lichtnelke	
Lýchnis	viscária	1	Pechnelke	
Lysimáchia	nummulária	1	Pfennigkraut	Primuláceae
Lysimáchia	punctáta	1,1a	Felberich	
Lýthrum	salicária	1,1a	Blut-Weiderich	Lythráceae
Lýthrum	virgátum	1,1a	Ruten-Weiderich	
Macleáÿa	cordáta	1	Macleaya	Papaveráceae
Málva	moscháta	1	Moschusmalve	Malváceae
Mattëúccia	pennsylvánica	1	Trichterfarn	Athyriáceae
Mattëúccia	struthiópteris	1	Straußfarn	
Mélica	ciliáta	1a	Wimperperlgras	Poáceae
Melíttis	melisso- phýllum	1,1a	Immenblatt	Lamiáceae
Mcrténsia	echioídes	1	Mertensie	Boragináceae
Merténsia	virgínica	1	Mertensie	
Mímulus	-Hybriden		Gauklerblume	Scrophulariáceae
Mirábilis	jalápa	3	Wunderblume	Nyctagináceae
Miscánthus	sacchariflórus	1	Miscanthus	Poáceae
Miscánthus	sinénsis	1	Miscanthus	
Moehríngia	muscósa	1	Moosmiere	Caryophylláceae
Molínia	arundinácea	1	Pfeifengras	Poáceae
Molínia	caerúlea	1,1a	Pfeifengras	

Monárda	**Hybriden**		Monarde	Lamiáceae
Myosótis	**sylvática**	1,1a	ausdauerndes	
			Vergißmeinnicht	Boragináceae
Népeta	× **faassénii**		Katzenminze	Lamiáceae
Népeta	**grandiflóra**	1	Katzenminze	Lamiáceae
Oenothéra	**fruticósa**	1	Nachtkerze	Onagráceae
Oenothéra	**missouriénsis**	1	Nachtkerze	
Oenothéra	**tetragóna**	1	Nachtkerze	
Omphalódes	**vérna**	1a	Gedenkemein	Boragináceae
Onóclea	**sensíbilis**	1–4	Perlfarn	Onocleáceae
Osmúnda	**regális**	1–3	Königsfarn	Osmundáceae
Óxalis	**acetosélla**	1	Waldsauerklee	Oxalidáceae
Paeónia	**Lactiflóra**		Chinesische Päonie	Paeoniáceae
	-Hybriden			
Paeónia	**officinális**	1a	Päonie, Pfingstrose	
Papáver	**búrseri**	1	Mohn	Papaveráceae
Papáver	**nudicaŭle**	1	Isländischer Mohn	
Papáver	**orientále**	1	Mohn	
Patrínia	**tríloba**	1	Goldbaldrian	Valerianáceae
Peltiphýllum	**peltátum**		Schildblatt	Saxifragáceae
Pennisétum	**alopecuroídes**	1,5	Federborstengras	Poáceae
Penstémon	**barbátus**	1,3	Penstemon	Scrophulariáceae
Phálaris	**arundinácea**	1	Glanzgras	Poáceae
	‚Picta'			
Phlómis	**russeliána**	1	Brandkraut	Lamiáceae
Phlómnis	**sámia**	1a	Brandkraut	Lamiáceae
Phlóx	**amőéna**	1	Phlox	Polemoniáceae
Phlóx	**-Paniculáta**		Flammenblume	
	-Hybriden			
Phlóx	**subuláta**	1	Moos-Phlox	
Phuópsis	**stylósa**		Phuópsis	Rubiáceae
Phyllítis	**scolopéndrium**	1,2	Hirschzunge	Aspleniáceae
Phýsalis	**alkekéngi**	1	Lampionblume	Solanáceae
Physostégia	**virginiána**	1	Gelenkblume	Lamiáceae
Phyteŭma	**orbiculáre**	1,1a	Teufelskralle	Campanuláceae
Phyteŭma	**spicátum**	1,1a	Teufelskralle	
Phytolácca	**americána**	1,3	Kermesbeere	Phytolaccáceae
Plantágo	**nivális**	1a	Wegerich	Plantagináceae
Platycódon	**grandiflórus**	1	Ballonblume	Campanuláceae
Podophýllum	**peltátum**	1	Himalaja-Fußblatt	Berberidáceae
Polemónium	**caerúleum**	1	Jakobsleiter	Polemoniáceae
Polemónium	**réptans**	1	Jakobsleiter	
Polygonátum	**multiflórum**	1	Salomonssiegel	Liliáceae
Polygonátum	**odorátum**	1,1a	Salomonssiegel	

Polýgonum	affíne	1,2	Knöterich	Polygonáceae
Polýgonum	amplexicaúle	1	Knöterich	
Polypódium	vulgáre	1,3,4,6	Tüpfelfarn, Engelsüß	Polypodiáceae
Polýstichum	acrostichoídes	1	Dolchfarn, Weihnachtsfarn	Aspidiáceae
Polýstichum	aculeátum	1,1a,2	Glanzschildfarn	Aspidiáceae
Polýstichum	lonchítis	1	Lanzenfarn	
Polýstichum	setíferum	1,1a,2	Schildfarn	
Potentílla	álba	1	Fingerkraut	Rosáceae
Potentílla	atrosanguínea	1,2	Fingerkraut	
Potentílla	aúrea	1	Fingerkraut	
Prímula	aurícula	1	Alpen-Aurikel	
Prímula	-Bullesiána -Hybriden			Primuláceae
Prímula	denticuláta	1	Kugelprimel	
Prímula	elátior	1	Gartenprimel	
Prímula	farinósa	1	Mehlprimel	
Prímula	floríndae	1	Sommerprimel	
Prímula	japónica	1	Etagenprimel	
Prímula	júliae	1	Teppichprimel	
Prímula	Juliae-Hybriden		Kissenprimel	
Prímula	× pubéscens		Gartenaurikel	
Prímula	rósea	1	Sumpfprimel	
Prímula	véris	1,1a	Schlüsselblume	
Prímula	viálii	1	Orchideenprimel	
Prímula	vulgáris	1	Kissenprimel	
Pterídium	aquilínum	1–6	Adlerfarn	Pteridiáceae
Pulmonária	angustifólia	1	Lungenkraut	
Pulmonária	officinális	1,1a	Lungenkraut	Boragináceae
Pulmonária	saccharáta	1,1a	Lungenkraut	
Pulsatílla	vernális	1,1a	Küchenschelle	
Pulsatílla	vulgáris	1	Küchenschelle	Ranunculáceae
Ramónda	mycóni	1	Ramonde	Gesneriáceae
Ranúnculus	aconitifólius	1	Hahnenfuß	Ranunculáceae
Reynóutria	japónica	1	Knöterich	
Reynóutria	sachalinénsis	1	Knöterich	Polygonáceae
Rodgérsia	aesculifólia	1	Rodgersie	
Rodgérsia	pinnáta	1		Saxifragáceae
Rodgérsia	podophylla	1		
Rudbéckia	fúlgida	1	Rudbeckie	
Rudbéckia	laciniáta	1	Rudbeckie	Asteráceae
Rudbéckia	nítida	1	Rudbeckie	
Sagína	subuláta	1,1a	Sternmoos	Caryophylláceae
Sálvia	glutinósa	1	Salbei	Lamiáceae

34   Freilandstauden

Sálvia	nemorósa	1,1a	Salbei	Lamiáceae
Sálvia	× supérba		Salbei	
Santolína	chamaecypa-		Heiligenkraut	Asteráceae
	ríssus	1,1a		
Saponária	caespitósa	1	Seifenkraut	Caryophylláceae
Saponária	ocymoídes	1a	Seifenkraut	
Saponária	officinális	1	Seifenkraut	
Saxífraga	aizoídes	1	Steinbrech	Saxifragáceae
Saxífraga	-Aréndsii		Moossteinbach	
	-Hybriden			
Saxífraga	caespitósa	1	Steinbrech	
Saxífraga	cotylédon	1	Steinbrech	
Saxífraga	hypnoídes	1	Steinbrech	
Saxífraga	paniculáta	1	Steinbrech	
Saxífraga	trifurcáta	1	Steinbrech	
Saxífraga	umbrósa	1	Porzellanblümchen	
Scabiósa	caucásica	1	Skabiose	Dipsacáceae
Scutellária	baicalénsis	1	Helmkraut	Lamiáceae
Sédum	ácre	1,1a	Mauerpfeffer	Crassuláceae
Sédum	album	1,1a	Fetthenne	
Sédum	anacámpseros	1	Fetthenne	
Sédum	cautícola	1	Fetthenne	
Sédum	ewérsii	1	Fetthenne	
Sédum	floríferum	1	Fetthenne	
Sédum	hýbridum		Fetthenne	
Sédum	kamtscháticum	1	Fetthenne	
Sédum	lýdium	1	Fetthenne	
Sédum	refléxum	1,1a	Tripmadam	
Sédum	sexanguláre	1,1a	Fetthenne	
Sédum	siebóldii	1	Fetthenne	
Sédum	spathulifólium	1	Fetthenne	
Sédum	spectábile	1	Fetthenne	
Sédum	spúrium	1	Fetthenne	
Sédum	teléphium	1	Fetthenne	
Sempervívum	arachnoídeum		Hauswurz	Crassuláceae
Sempervívum	tectórum	1	Echte Hauswurz	
Senécio	abrotanifólius	1	Kreuzkraut	Asteráceae
Sesléria	caerúlea	1	Blaugras	Poáceae
Sidalcéa	-Hybriden		Präriemalve	Malvaceae
Siléne	schafta	1	Leimkraut	Caryophylláceae
Soldanélla	montána	1	Alpenglöckchen, Troddelblume	Primuláceae
Solidágo	canadénsis	1	Goldrute	Asteráceae
Solidágo	rugósa	1	Goldrute	

Solidágo	shórtii	1	Goldrute	Asteráceae
Solidágo	virgaúrea	1,1a	Goldrute	
Spartína	pectináta	1,3	Spartina	Poáceae
Stáchys	grandiflóra	1	Ziest	Lamiáceae
Stáchys	byzantína	1	Ziest, „Eselsohren"	
Stípa	barbáta	1a	Pfriemengras	Poáceae
Stípa	capilláta	1,1a	Federgras	Poáceae
Thalíctrum	aquilegifólium	1	Amstelraute	Ranunculáceae
Thalíctrum	dipterocárpum	1	Wiesenraute	Ranunculáceae
Thýmus	× citriodórus		Bastard-Thymian	Lamiáceae
Thýmus	doérfleri	1a	Thymian	
Thýmus	serpýllum	1	Thymian, Quendel	
Tiarélla	cordifólia	1	Schaumblüte	Saxifragáceae
Tradescántia	-Andersoniána -Hybriden		Gartentradeskantie	Commelináceae
Tradescántia	virginiána	1	Tradeskantie	
Trifólium	répens ‚Purpúreum'	1,1a	Weißklee	Fabáceae
Tríllium	grandiflórum	1	Dreiblatt, Waldlilie	Liliáceae
Tróllius	-Hybriden		Trollblume	Ranunculáceae
Tróllius	europaéus	1	Trollblume	
Uvulária	grandiflóra	1	Uvularie	Liliáceae
Verónica	incána	1	Ehrenpreis	Scrophulariáceae
Verónica	longifólia	1	Ehrenpreis	
Verónica	prostráta	1,1a	Ehrenpreis	
Verónica	spicáta	1	Ehrenpreis	
Verónica	austríaca	1	Ehrenpreis	
Víola	cornúta	1	Hornveilchen	Violáceae
Víola	odoráta	1,1a	Duftveilchen	
Waldstéinia	geoídes	1	Waldsteinie	Rosáceae
Waldstéinia	ternáta	1	Waldsteinie	
Wulfénia	carinthíaca	1	Wulfenie	Scrophulariáceae
Yúcca	filamentósa	1	Palmlilie	Agaváceae

Nachtrag zur „Sammelgattung" Chrysánthemum
Neuaufteilung h i e r u. a. wie folgt möglich:
Leucánthemum vulgáre für Chrysánthemum leucánthemum
Leucánthemum maximum für Chrysánthemum máximum
Tanacétum coccíneum für Chrysánthemum coccíneum
Dendránthema índicum für Chrysánthemum índicum
Euryops tenuíssimus für Chrysanthemum frutescens (zum Teil)

Zwiebel- und Knollengewächse

(Pflanzen, die größtenteils zu den Stauden gerechnet werden. ⟁
Bedeutung der Zahlen hinter den Artnamen siehe S. 145)

Acidanthéra	bícolor	2	Acidanthere	Iridáceae
Állium	christóphii	1	Lauch	Liliáceae
Állium	gigantéum	1	Lauch	
Allium	karataviénse	1	Lauch	
Állium	móly		Lauch	
Állium	narcissiflórum	1	Lauch	
Állium	neapolitánum	1a	Lauch	
Állium	oreóphilum	1	Lauch	
Alstroeméria	aurantíaca	3	Inkalilie	Amaryllidáceae
Alstroeméria	-Ligtu-Hybriden		Inkalilie	
Alstroeméria	pelegrína	3	Inkalilie	
Alstroeméria	haemántha	3	Inkalilie	
Alstroeméria	versícolor	3	Inkalilie	
Anemóne	apennína	1a	Anemone	Ranunculáceae
Anemóne	-Japonica -Hybriden		Herbstanemone	
Árum	itálicum	1,1a	Aronstab	Aráceae
Árum	orientále	1	Aronstab	
Begónia	Knollenbego- nien-Hybrid.		Knollenbegonie	Begoniáceae
Brodiáea	élegans	1	Brodiäe	Liliáceae
Bulbocódium	vérnum	1	Frühlingslichtblume	Liliáceae
Calochórtus	venústus	1	Mormonentulpe	Liliáceae
Camássia	quámash	1,3	Camassie	Liliáceae
Cánna	-Indica -Hybriden		Blumenrohr	Cannáceae
Chionodóxa	lucíliae	1	Schneestolz	Liliáceae
Chionodóxa	sardénsis	1	Schneestolz	
Cólchicum	autumnále	1,1a	Herbstzeitlose	Liliáceae
Cólchicum	neapolitánum	1a	Zeitlose	
Cólchicum	speciósum	1	Zeitlose	
Crocósmia	× crocosmii- flóra		„Montbretie"	Iridáceae
Crócus	vérnus	1	Krokus	Iridáceae
Crócus	chrysánthus	1,1a	Krokus	
Crócus	pulchéllus	1a	Krokus	
Crócus	satívus		Safran	
Crócus	speciósus	1	Krokus	
Cýclamen	cóum	1	Alpenveilchen	Primuláceae
Cýclamen	hederifólium	1a	Alpenveilchen	
Cýclamen	purpuráscens	1	Alpenveilchen	

Dáhlia	-Hybriden		Dahlie	Asteráceae
Eránthis	hyemális	1a	Winterling	Ranunculáceae
Erythrónium	déns-cánis	1,1a	Hundszahn	Liliáceae
Erythrónium	grandiflórum	1	Hundszahn	
Frēēsia	-Hybriden		Freesie	Iridáceae
Fritillária	imperiális	1	Kaiserkrone	Liliáceae
Fritillária	meléagris	1,1a	Schachbrettblume	
Fritillária	pérsica	1	Kaiserkrone	
Galánthus	elwésii	1a	Schneeglöckchen	Amaryllidáceae
Galánthus	nivális	1	Schneeglöckchen	
Galtónia	cándicans	4	Riesenhyazinthe	Liliáceae
Gladíolus	primúlinus	4	Gladiole	Iridáceae
			eingekreuzt mit	
Gladíolus	× gandavénsis		hat die Edel-	
			gladiolen („Primu-	
			linus"-Sorten)	
			ergeben	
Gladíolus	-Hybriden		hierher insgesamt	
			alle Gladiolen-	
			Edelsorten	
Gloriósa	rothschildiána	2	Gloriose	Liliáceae
Gloriósa	supérba	2	Gloriose	
Hyacínthus	orientális	1a	Hyazinthe	Liliáceae
Hyacinthoídes	hispánica	1	Span. Scilla	Liliáceae
Íris	danfórdiae		Schwertlilie, Iris	Iridáceae
Íris	germánica	1a	Schwertlilie	
Íris	-Hollandica		Iris	
	-Hybriden			
Íris	púmila	1,1a	Zwerg-Schwertlilie	
Íris	reticuláta	1	Schwertlilie	
Íris	susiána		Schwertlilie „Dame	
			in Trauer"	
Íris	xiphioídes	1	Engl. Schwertlilie	
Íris	xíphium	1a	Span. Schwertlilie	
Íxia	-Hybriden		Klebschwertel	Iridáceae
Ixiolírion	tatáricum	1	Ixiolirion	Amaryllidáceae
Leucójum	aestívum	1	Knotenblume	Amaryllidáceae
Leucójum	vérnum	1,1a	Märzbecher	
Lílium	aurátum	1	Goldbandlilie	Liliáceae
Lílium	-Aurelianénse		Lilie	
	-Hybriden			
Lílium	bulbíferum	1,1a	Feuerlilie	
Lílium	cándidum	1a	Madonnenlilie	

Lílium	-Hansónii		Lilie	Liliáceae
	-Hybriden			
Lílium	-Davídii		Riesenlilie	
	-Hybriden			
Lílium	-Imperiále		Lilie	
	-Hybriden			
Lílium	longiflórum		Langblütige Lilie	
Lílium	mártagon	1	Türkenbundlilie	
Lílium	-Maculátum		Lilie	
	-Hybriden			
Lílium	-Pardalínum		Lilie	
	-Hybriden			
Lílium	regále	1	Königslilie	
Lílium	-Speciósum		Prachtlilie	
	-Hybriden			
Lílium	-Tigrínum		Tigerlilie	
	-Hybriden			
Muscári	armeníacum	1,1a	Traubenhyazinthe	Liliáceae
Muscári	botryoídes	1	Straußhyazinthe	
Muscári	comósum	1,1a	Traubenhyazinthe	
Narcíssus	bulbocódium		Reifrocknarzisse	
Narcíssus	× incomparábilis		Narzisse	Amaryllidáceae
Narcíssus	jonquílla	1a	Jonquille	
Narcíssus	poéticus	1	Dichternarzisse	
Narcíssus	pseudonar-		Osterglocke,	
	císsus	1,1a	Trompeten-	
			narzisse	
Narcíssus	tazétta	1a	Tazette	
Neríne	bowdénii	4	Nerine	Amaryllidáceae
Neríne	sarniénsis	4	Guernseylilie	
Neríne	unduláta	4	Nerine	
Ornithógalum	thyrsoídes	4	Milchstern,	Liliáceae
			„Chincherinchee"	
Ornithógalum	umbellátum	4	Stern von Bethlehem	
Puschkínia	scilloídes	1a	Puschkinie	Liliáceae
Ranúnculus	asiáticus	1a	Ranunkel	Ranunculáceae
Sinníngia	cardinális	3	Rechsteinerie	Gesneriáceae
Sinníngia	canéscens	3	Rechsteinerie	
Scílla	bifólia		Scilla, zweiblättriger	Liliáceae
			Blaustern	
Scílla	hispánica		siehe gültig bei **Hyacinthoídes**	
Scílla	sibírica	1	Scilla, Blaustern	
Sparáxis	trícolor	4	Fransenschwertel	Iridáceae

Túlipa	Fosteriána -Hybriden		Tulpe	Liliáceae
Túlipa			Gartentulpen	
Túlipa	-Kaufmanniána -Hybriden		Tulpe	
Túlipa	tárda	1	Tulpe	
Túlipa	-Greigii -Hybriden		Tulpe	

Garten-Tulpen
Hierher gehört ein sehr großes Sortiment mit folgender Gruppenaufteilung:
Einfache frühe Tulpen
Gefüllte frühe Tulpen
Mendel-Tulpen
Triumph-Tulpen
Darwin-Tulpen
Darwin-Hybrid-Tulpen
Einfach blühende Tulpen
Lilienblütige Tulpen
Rembrandt-Tulpen
Papagei-Tulpen
Gefüllte späte Tulpen

Topfpflanzen

(und Pflanzen, die im Warmhaus bis Kalthaus kultiviert werden können. ⛆
Bedeutung der Zahlen hinter den Artnamen siehe S. 145)

Abutílon	-Hybriden		Abutilon	Malváceae
Abutílon	megapotámi-cum	3	Rio-Grande-Abutilon	
Abutílon	selloviánum	3	Abutilon	
Abutílon	píctum 'Thompsónii'	3	Abutilon	
Acácia	armáta	5	Akazie	Mimosáceae
Acácia	baileyána	5	Akazie	
Acácia	cyanophýlla	5	Akazie	
Acácia	decúrrens	5	Akazie („Mimose")	
Acácia	dealbáta	5	Akazie	
Acácia	podalyrii-fólia	5	Akazie	
Acácia	retinodes	5	Akazie	
Acalýpha	híspida	2	Acalyphe	Euphorbiáceae
Acalýpha	hispaníolae		Hängende Acalyphe	
Acalýpha	wilkesiána	2	Acalyphe	
Acánthus	montánus	2	Akanthus	Acantháceae
Ácer	japónicum	1	Ahorn	Aceráceae
Ácer	palmátum	1	Japanahorn	
Achímenes	-Hybriden		Schiefteller	Gesneriáceae
Adénium	obésum	2	Adenium	Apocynáceae
Adiántum	capíllus-véneris	1,1a	Frauenhaarfarn	Adiantáceae
Adiántum	raddiánum	2,3	Frauenhaarfarn	

mit den wichtigen Marktsorten:
'Brillantelse', Auslese aus 'Goldelse', lebhafter gefärbt
'Elegans', hellgrün, feinzerteilt, raschwüchsig
'Fragrantissimum', schwarze Stiele, kräftig
'Goldelse', feingegliedert, im Austrieb rötlich
'Matador' und 'Matador Lyon' für Schnitt

Adiántum	hispídulum	2	Frauenhaarfarn	
Adiántum	ténerum	3	Frauenhaarfarn	

mit den wichtigsten Marktsorten:
'Farleyénse', dichte übereinandergreifende Fiedern
'Jan Bier', besser als die ähnliche 'Ruhm von Moordrecht'
'Lemkésii', Austrieb rot, dann hellgrün
'Ruhm von Moordrecht', prächtige Schaupflanze
'Scútum Róseum', rötlich, langstielig, kräftig

Aechméa	fasciáta	3	Aechmea	Bromeliáceae
Aechméa	fúlgens var.		Aechmea	
	díscolor	3		
Aechméa	weilbáchii var.		Aechmea	Bromeliáceae
	leodiénsis	3		
Aeónium	arbóreum	1a	Aeonium	Crassuláceae
Aeónium	× doméstium		Aeonium	
Aeschynánthus	radícans	2	Aeschynanthus	Gesneriáceae
Aeschynánthus	marmorátus	2	Aeschnanthus	
Aeschynánthus	parasíticus	2	Aeschynanthus	
Aeschynánthus	micránthus	2	Aeschynanthus	
Aeschynánthus	speciósus	2	Aeschynanthus	
Agapánthus	africánus	4	Agapanthus	Liliáceae
Agapánthus	práecox	4	Agapanthus	
Agáve	americána	3	Agave	Agaváceae
Agáve	attenuáta	3	Agave	
Agáve	ferdinándi-		Agave	
	régis	3		
Agáve	filífera	3	Fadentrag. Agave	
Aglaonéma	commutátum	2	Aglaoneme	Aráceae
Aglaonéma	costátum	2	Aglaoneme	
Aglaonéma	críspum	2	Aglaoneme	
Allamánda	cathártica	3	Allamande	Apocynáceae
Alocásia	korthálsii	2	Alokasie	Aráceae
Alocásia	cúprea	2	Alokasie	
Áloë	arboréscens	4	Aloë	Liliáceae
Áloë	aristáta	4	Aloë	
Áloë	férox	4	Aloë	
Áloë	× príncipis		Aloë	
Áloë	variegáta	4	Aloë	
Alpínia	zingiberína	2	Falscher Zimt	Zingiberáceae
Alternanthéra	ficoídea	3	Papageienblatt	Amarantháceae
Alsóphila	austrális	5	Baumfarn	Cyatheáceae
Amor-	titánum	2	Amorphophallus	Aráceae
phophállus				
Ampelópsis	brevipedun-		Scheinrebe	Vitáceae
	culáta	1		
Ampelópsis	japónica	1	Scheinrebe	
Ampelópsis	orientális	1	Scheinrebe	
Ánanas	comósus	3	Ananas	Bromeliáceae
Anisodóntea	capénsis	4	Kapmalve	Malváceae
Anthúrium	-Andreánum		Flamingoblume	Aráceae
	-Hybriden			
Anthúrium	crystállinum	3	Flamingoblume	

Anthurium	magníficum	3	Flamingoblume	Aráceae
Anthúrium	Scherzeriánum -Hybriden		Flamingoblume	
Anthúrium	veïtchii	3	Anthurium	
Aphelándra	aurantíaca	3	Aphelandre	Acantháceae
Apelándra	squarrósa	3	Aphelandre	
Aporocáctus	flagellifórmis	3	Schlangenkaktus	Cactáceae
Arachniódes	adiantifórmis	2,3,5	Lederfarn	Aspidiáceae
Araucária	araucána	3	Chilenische Araukarie	Araucariáceae
Araucária	heterophýlla	3	„Zimmertanne"	
Ardísia	crenáta	1,2	Ardisie	Myrsináceae
Aréca	cát(h)echu	2	Betelnußpalme	Arecáceae
Ariocárpus	retúsus	3	Wollfruchtkaktus	Cactáceae
Aspáragus	asparagoídes	4	Spargel	Liliáceae
Aspáragus	falcátus	2,4	Spargel	
Aspáragus	madagasca-riénsis	2	Spargel	
Aspáragus	densiflórus 'Spréngeri'	4	Spargel	
Aspáragus	setáceus	4	Plumósus-Spargel	
Aspidístra	elátior	1	Schusterpalme	Liliáceae
Asplénium	bulbíferum	2,5	Streifenfarn	Aspleniáceae
Asplénium	daucifólium	2	Streifenfarn	
Asplénium	dimórphum	2	Streifenfarn	
Asplénium	nídus	2,5	Nestfarn	
Astróphytum	astérias	3	Seeigelkaktus	Cactáceae
Astróphytum	myriostígma	3	Bischofsmütze	
Aucúba	japónica	1	Aukube	Cornáceae
Beaucárnea	recurváta	3	Beaucarnee	Agaváceae
Begónia	× -Corállina -Hybriden		Begonie, Schiefblatt	Begoniáceae
Begónia	× crédneri		Begonie, Schiefblatt	
Begónia	-Elátior Hybriden		Begonie, Schiefblatt	
Begónia	grácilis	3	Begonie, Schiefblatt	
Begónia	limmingheána	3	Begonie, Schiefblatt	
Begónia	-Lorraine-begonien-Hybriden		Lorrainebegonie	
Begónia	masoniána 'Iron Cross'		Begonie, Schiefblatt	
Begónia	metállica	3	Begonie, Schiefblatt	
Begónia	rájah	2	Begonie, Schiefblatt	

Begónia	-Rex-Hybriden		Blattbegonie	Begoniáceae
Begónia	schárffii	3	Begonie, Schiefblatt	
Begónia	serratipétala	2	Begonie, Schiefblatt	
Belopérone	guttáta	3	Beloperone	Acantháceae
Bertolónia	maculáta	3	Bertolonie	Melastomatáceae
Billbérgia	nútans	3	Billbergie	Bromeliáceae
Billbérgia	pyramidális	3	Billbergie	
Billbérgia	rósea	3	Billbergie	
Billbérgia	saundérsii	3	Billbergie	
Billbérgia	vittáta	3	Billbergie	
Billbérgia	zebrína	3	Billbergie	
Bléchnum	brasiliénse	3	Rippenfarn	Blechnáceae
Bléchnum	gíbbum	2	Rippenfarn	
Borónia	elátior	5	Korallenraute	Rutáceae
Bougainvíllea	glábra	3	Bougainvillea	Nyctagináceae
Bougainvíllea	spectábilis	3	Bougainvillea	
Bouvárdia	-Hybriden		Bouvardie	Rubiáceae
Brachýscome	multífida	3	Brachycome	Asteráceae
Brassáia	actinophýlla	5	Strahlenbl. Schefflera	Araliáceae
Browállia	speciósa	3	Browallie	Solanáceae
Brunfélsia	pauciflóra		Brunfelsie	Solanáceae
	var. calýcina	3		
Caládium	-Bicolor		Kaladie	Aráceae
	-Hybriden			
Caládium	-Schombúrgkii		Kaladie	
	-Hybriden			
Calánthe	rósea	2	Calanthe	Orchidáceae
Caláthea	crocáta	3	Calathea	Marantáceae
Caláthea	lancifólia	3	Calathea	
Caláthea	makoyána	3	Calathea	
Caláthea	róseo-pícta	3	Calathea	
Caláthea	zebrína	3	Calathea	
Calceolária	-Hybriden		Pantoffelblume	Scrophulariáceae
Calceolária	integrifólia	3	Pantoffelblume	
Callísia	répens	3	Callisie	Commelináceae
Callistémon	cítrinus	5	Zylinderputzer	Myrtáceae
Caméllia	japónica	1	Kamelie	Theáceae
Caméllia	sinénsis	1,2	Teestrauch	
Campánula	isophýlla	1a	Glockenblume	Campanuláceae
Canístrum	lindénii	3	Kanistrum	Bromeliáceae
Cápsicum	ánnuum	3	Paprika, Span. Pfeffer	Solanáceae
Cárica	papáya	3	Melonenbaum	Caricáceae
Caríssa	macrocárpa	4	Wachsbaum	Apocynáceae

Carludovíca	palmáta	3	Carludowike	Cyclantháceae
Carnegíea	gigantéa	3	Carnegiea	Cactáceae
Caryóta	mítis	2	Fischschwanzpalme	Arecáceae
Caryóta	úrens	2	Brennpalme	
Catharánthus	róseus	2	Catharanthus	Apocynáceae
Cattléya	bowringiána	3	Cattleya	Orchidáceae
Cattléya	bícolor	3	Cattleya	
Cattléya	labiáta	3	Cattleya	
Cattléya	warscewíczii	3	Cattleya	
Cephalocéreus	senílis	3	Greisenhaupt	Cactáceae
Ceratozámia	mexicána	3	Ceratozamie	Cycadáceae
Céreus	chalybáeus	3	Säulenkaktus	Cactaceae
Céreus	peruviánus	3	Felsenkaktus	
Ceropégia	lineáris	4	Leuchterblume	Asclepiadáceae
Ceropégia	woödii	4		
Céstrum	élegans	3	Hammerstrauch	Solanaceae
Chamaecéreus	silvéstrii	3	Zwergcereus	Cactáceae
Chamaedórea	cóncolor	3	Bergpalme	Arecáceae
Chamaedórea	élegans	3	Bergpalme	
Chamaelaúcium	uncinátum	5	Austral. Myrte	Myrtáceae
Chamáerops	húmilis	1a	Zwergpalme	Arecáceae
Chloróphytum	capénse	4	Chlorophytum	Liliáceae
Chloróphytum	comósum	4	Chlorophytum	
Chrysánthe-mum s. S. 35	-Indicum -Hybriden		Chrysantheme	Asteráceae
Chrysánthemum	foeniculaceárum	1a	Span. Gänse-blümchen	
Cibótium	schiédei	3	Cibotium	Dicksoniáceae
Císsus	antárctica	5	Känguruhklimme	Vitáceae
Císsus	díscolor	5	Klimme	
Císsus	gongylódes	3	Klimme	
Císsus	rhombifólia	2,3	Klimme	
Císsus	striáta	3	Klimme	
Cleistocáctus	straúsii	3	Silberkerze	Cactáceae
Clerodéndrum	thomsóniae	2	Cleodendrum	Verbenáceae
Cléyera	japónica	1	Cleyera	Theáceae
Cliánthus	formósus	5	Ruhmesblume	Fabáceae
Clivia	miniáta	4	Clivie	Amaryllidáceae
Coccóloba	pubéscens	3	Coccoloba	Polygonáceae
Codiáeum	variegátum	2	„Croton"	Euphorbiáceae
Coelógyne	asperáta	2	Coelogyne	Orchidáceae
Coelógyne	cristáta	2	Coelogyne	
Cóffea	arábica	2	Kaffeestrauch	Rubiáceae
Cóleus	-Blumei-Hybr.		Coleus	Lamiáceae

Cóleus	púmilus	2	Coleus	Lamiáceae
Colocásia	affínis	2	Colocasie	Aráceae
Colúmnea	gloriósa	3	Columnee	Gesneriáceae
Colúmnea	hírta	3	Columnee	
Colúmnea	microphýlla	3	Columnee	
Cordýline	austrális	2	Cordyline	Agaváceae
Cordýline	indivísa	2	Cordyline	
Cordýline	rúbra		Cordyline	Agaváceae
Cordýline	fruticósa	2,5	Cordyline	
Corókia	cotoneáster	2	Zickzackstrauch	Saxifragáceae
Corynocárpus	laevigátus	2	Karakabaum	Corynocarpáceae
Corýpha	umbraculífera	2	Talipotpalme	Arecáceae
Cotylédon	unduláta	4	Cotyledon	Crassuláceae
Crássula	perfoliáta	4	Dickblatt	Crassuláceae
Crássula	muscósa	4	Dickblatt	
Crossándra	infundibuli-		Crossandre	Acantháceae
	fórmis	2		
Cryptánthus	acaúlis	3	Cryptanthe	Bromeliáceae
Cryptánthus	beúckeri	3	Cryptanthe	
Cryptánthus	bivittátus	3	Cryptanthe	
Cryptánthus	bromelioídes	3	Cryptanthe	
Cryptánthus	fosteriánus	3	Cryptanthe	
Cryptánthus	lacérdae	3	Cryptanthe	
Cryptánthus	sinuósus	3	Cryptanthe	
Cryptánthus	zonátus	3	Cryptanthe	
Ctenánthe	oppenheimiána	3	Ctenanthe	Marantáceae
Cúphea	hyssopifólia	3	Köcherblümchen	Lythráceae
Cúrcuma	roscoeána	2	Safranwurz	Zingiberáceae
Cyanótis	kewénsis	2	Cyanotis	Commelináceae
Cyanótis	somaliénsis	2	Cyanotis	
Cyáthea	austrális		siehe gültig bei **Alsóphila**	
Cýcas	circinális	2	Cycas, Palmfarn	Cycadáceae
Cýcas	revolúta	2	Cycas, Palmfarn	
Cýclamen	pérsicum	1a	„Alpenveilchen"	Primuláceae
Cymbídium	élegans	2	Cymbidium	Orchidáceae
Cymbídium	gigantéum	2	Cymbidium	
Cymbídium	insígne	2	Cymbidium	
Cymbídium	lowiánum	2	Cymbidium	
Cymbídium	mastérsii	2	Cymbidium	
Cymbídum	-Hybriden		Cymbidium	
Cyrtánthus	oblíquus	4	Cyrtanthus	Amaryllidáceae
Cyrtómlum	falcátum	2	Cyrtomium	Aspidiáceae
Cýtisus	canariénsis	1a,2	Geißklee	Fabáceae
Darlingtónia	califórnica	1	Darlingtonie	Sarraceniáceae

Cýtisus	× racemósus		Geißklee	Fabáceae
Dasylírion	acrótrichum	3	Rauhschopf	Agaváceae
Dasylírion	longíssimum	3	Rauhschopf	
Datúra	× cándida		Stechapfel	Solanáceae
Datúra	sanguínea	3	Stechapfel	
Datúra	suavéolens	3	Engelstrompete	
Dendróbium	nóbile	1	Dendrobium	Orchidáceae
Dendróbium	phalaenópsis	2,5	Dendrobium	
Dendróbium	pulchéllum	2	Dendrobium	
Dichorisándra	regínae	3	Dichorisandre	Commelináceae
Dichorisándra	thyrsiflóra	3	Dichorisandre	
Dicksónia	antárctica	5	Dicksonie	Dicksoniáceae
Didimochlaéna	truncátula	2	Farn	Aspidiáceae
Dieffenbáchia	× baúsei		Dieffenbachie	Aráceae
Dieffenbáchia	macrophýlla	3	Dieffenbachie	
Dieffenbáchia	maculáta	3	Dieffenbachie	
Dionaéa	muscípula	1	Venusfliegenfalle	Droseráceae
Dioscórea	bulbífera	2	Yamswurzel	Dioscoreáceae
Dioscórea	vittáta	3	Yamswurzel	
Dipladénia	-Hybriden		Dipladenie	Apocynáceae
Dischídia	pectenoídes	2	Urnenpflanze	Asclepiadáceae
Dizygothéca	elegantíssima	2	Fingeraralie	Araliáceae
Dolichothéle	longimámma	3	Dolichothele	Cactáceae
Dracaéna	dereménsis	2	Dracaene	Agaváceae
Dracaéna	dráco	2	Drachenbaum	
Dracaéna	frágrans	2	Dracaene	
Dracaéna	surculósa	2	Dracaene	
Dracaéna	margináta	2	Dracaene	
Dracaéna	refléxa	2	Dracaene	
Dracaéna	sanderiána	2	Dracaene	
Echevéria	derenbérgii	3	Echeverie	Crassuláceae
Echevéria	élegans	3	Echeverie	
Echevéria	hármsii	3	Echeverie	
Echevéria	gibbiflóra	3	Echeverie	
Echevéria	peacóckii	3	Echeverie	
Echevéria	púmila	3	Echeverie	
Echevéria	setósa	3	Echeverie	
Echinocáctus	grusónii	3	Goldkugelkaktus	Cactáceae
Echinocáctus	horizont-halónius	3	Igel- oder Kugel-kaktus	
Echinocáctus	íngens	3	Riesen-Igelkaktus	
Echinocéreus	knippeliánus	3	Igel-Säulenkaktus	Cactáceae
Echinocéreus	pectinátus	3	Regenbogenkaktus	
Echinópsis	eyriésii	3	Seeigelkaktus	Cactáceae
Echinópsis	leucántha	3	Seeigelkaktus	

Echinópsis	oxygóna	3	Seeigelkaktus	Cactáceae
Elaphoglóssum	crinítum	3	Zungenfarn	Elaphoglossáceae
Encephalártos	altensteinii	4	Brotpalmfarn	Cycadáceae
Enséte	ventricósum	1a	Zierbanane	Musáceae
Epácris	-Hybriden		Australheide	Epacridáceae
Epidéndrum	ánceps	3	Epidendrum	Orchidáceae
Epiphýllum	angulígerum	3	Sägeblattkaktus	Cactáceae
Epiphýllum	crenátum	3	Kerbenblattkaktus	
Epiprémnum	pinnátum	2	Rhaphidophora	Aráceae
Episcia	cupreáta	2	Episcie	Gesneriáceae
Eránthemum	wáttii	2	Eranthemum	Acantháceae
Eríca	canaliculáta	4	Erika	Ericáceae
Eríca	doliifórmis	4	Erika	
Eríca	× cylíndrica		Glockenheide	
Eríca	grácilis	4	Erika	
Eríca	hiemális	4	Erika	
Eríca	persolúta	4	Erika	
Eríca	ventricósa	4	Erika	
Eríca	× willmórei			
Erythrína	crísta-gálli	3	Korallenstrauch	Fabáceae
Eucalýptus	glóbulus	5	Blaugummibaum	Myrtáceae
Eucalýptus	gúnnii	5	Eucalyptus	
Eucalýptus	salígna	5	Sidney blue gum	
Éucomis	bícolor	4	Schopflilie	Liliáceae
Éucomis	punctáta	4	Schopflilie	
Eugénia	paniculáta		= gültig Syzýgium paniculátum	
Euónymus	fortúnei	1	Spindelstrauch	Celastráceae
Euónymus	japónicus	1	Spindelstrauch	
Euphórbia	canariénsis	2	Euphorbie	Euphorbiáceae
Euphórbia	cáput-medúsae	4	Medusenhaupt	
Euphórbia	fúlgens	3	Wolfsmilch	
Euphórbia	mílii	2	Christusdorn	
Euphórbia	pulchérrima	3	Poinsettie, Weihn.-St.	
Eustóma	grandiflórum	1,3	Schönmund	Gentianáceae
Éxacum	affíne	2	Blaues Lieschen	Gentianáceae
× Fatshédera	lízei		Efeuaralie	Araliáceae
Fátsia	japónica	1	Zimmeraralie	Araliáceae
Ferocáctus	hamatacánthus	3	Ferokaktus	Cactáceae
Fícus	benghalénsis	2,5	Banyanbaum	Moráceae
Fícus	benjamína	2	Trauerfeige	
Fícus	buxifólia	2	Buchsbaum-Feige	
Fícus	cárica	1a	Gem. Feigenbaum	
Fícus	cyathistípula	2	Feigenbaum	

Fícus	deltoídea	2	Mistelfeigenbaum	Moráceae
Fícus	dryepondtiána	2	Kongofeigenbaum	
Fícus	elástica	2	Gummibaum	
	'Dóescheri'			
	'Decóra'			
	'Variegáta'			
	'Robústa'			
Fícus	lyráta	2	Geigenfeigenbaum	
Fícus	púmila	1	Kletterficus	
Fícus	montána	2	Ficus	
Fícus	sagittáta	2	Ficus	
Fícus	religiósa	2	Heiliger Feigenbaum, Pepulbaum	
Fícus	retúsa	2	Feigenbaum	Moráceae
Fícus	rubiginósa	5	Austral. Feigenbaum	
Fícus	lepriéurii	2	Ficus	
Fittónia	verschafféltii	3	Fittonie	Acantháceae
	'Argyronéura'			
Fúchsia	arboréscens	3	Fliederfuchsie	Onagráceae
Fúchsia	fúlgens	3	Fuchsie	
Fúchsia	-Hybriden		Gartenfuchsie	
Fúchsia	magellánica	3	Scharlachfuchsie	
Fúchsia	proçúmbens	2	Ampelfuchsie	
Fúchsia	-Triphýlla		Traubenbl. Fuchsien	
	-Hybriden			
Furcráea	fóetida	1,3	Fourcroye	Agaváceae
Furcráea	sellóa	3	Fourcroye	
Gardénia	jasminoídes	1	Gardenie	Rubiáceae
Gastéria	liliputána	4	Gasterie	Liliáceae
Gastéria	maculáta	4	Gasterie	
Gastéria	verrucósa	4	Gasterie	
Geogenánthus	poeppígii	3	Geogenanthe	Commelináceae
Geónoma	acaúlis	3	Geonoma-Palme	Arecáceae
Geónoma	grácilis	3	Geonoma-Palme	
Gérbera	jamesónii	4	Gerbera	Asteráceae
Gérbera	viridifólia	4		
Gleichénia	microphýlla	2,5	Gleichenie	Gleicheniáceae
Grevíllea	robústa	5	Australische	Proteáceae
			„Silbereiche"	
Griffínia	hyacínthina	3	Griffinie	Amaryllidáceae
Guzmánia	-Hybriden		Guzmanie	Bromeliáceae
Guzmánia	linguláta	2,3	Guzmanie	
Guzmánia	mínor	3	Guzmanie	
Guzmánia	monostáchya	2,3	Guzmanie	
Guzmánia	musáica	3	Guzmanie	
Guzmánia	záhnii	3	Guzmanie	

Gymnocalý-cium	denudátum	3	„Spinnenkaktus"	Cactáceae
Gymnocalý-cium	mihanovíchii	3	Erdbeerkaktus	
Haageocéreus	versícolor	3	Haageocereus	Cactáceae
Haemánthus	álbiflos	4	„Elefantenohr"	Amaryllidáceae
Haemánthus	coccíneus	4	Blutblume	
Haemánthus	katherínae 'König Albert'	4	Blutblume	
Hamatocáctus	setispínus	3	Hakenkaktus	Cactáceae
Hawórthia	fasciáta	4	Haworthie	Liliaceae
Hawórthia	margaritífera	4	Haworthie	
Hawórthia	truncáta	4	Haworthie	
Hébe	Andersonii-Hybriden		Strauchveronika	Scrophulariáceae
Hébe	salicifólia	2	Strauchveronika	
Héchtia	argéntea	3	Hechtie	Bromeliáceae
Hédera	cólchica	1	Efeu	Araliáceae
Hédera	hélix	1,1a	Efeu	

Subspecíes: canariénsis, hélix und poetárum in Sorten:
  'Arboréscens', baumartige Altersform
  'Argénteo-Variegáta', weißbunte Blätter
  'Aúreo-Variegáta', gelbbunte Blätter
  'Cavendíshii', mit weißem oder rotem Rand
  'Conglomeráta', Zwergform, wenig gelappt, stark gewellt
  'Cullísii', kleinblättrig, Mittellappen lang mit weißem oder rotem Rand
  'Deltoídea', dreieckig, mit schwachen Lappen, Basallappen sich überdeckend
  'Digitáta', länglich eiförmig, Seitenlappen rechtwinklig zum Mittellappen
  'Erécta', rasig wachsende Zwergform, Blätter kahnförmig
  'Glýmii', eiformlänglich, schwach 3lappig, stark kraus
  'Maculáta', groß, gelbweiß gefleckt und gestreift
  'Pedáta', sehr lang, grün mit weißen Adern
  f. sagittifólia, pfeilspitzig, grün-rot

Hedýchium	coccíneum	2	Hedychium	Zingiberáceae
Hedýchium	gardneriánum	1,2	Hedychium	
Hibíscus	rósa-sinénsis		Chines. Roseneibisch	Malváceae
Hibíscus	schizopétalus	2	Eibisch	
Hippeástrum	-Hybriden		„Amaryllis"	Amaryllidáceae
Hippeástrum	regínae	3	Ritterstern	
Hippeástrum	vittátum	3	„Amaryllis"	
Hoffmánnia	ghiesbréghtii	3	Hoffmannie	Rubiáceae
Homocládium	platycládum	2	Muehlenbeckie	Polygonáceae
Hóweia	belmoreána	2	Howea-Palme	Arecáceae
Hóweia	forsteriána	2	„Kentia"	
Hóya	bélla	2	Wachsblume	Asclepiadáceae

Hóÿa	carnósa	1,5	Wachsblume	Asclepiadáceae
Hydrangéa	macrophýlla	1	Gartenhortensie	Saxifragáceae
Hymenocállis	narcissiflóra	3	Hymenocallis	Amaryllidáceae
Hymenocállis	speciósa	2	Hymenocallis	
Hypocýrta	glábra	3	Hypocyrte	Gesneriáceae
Hypoéstes	phyllostáchya	2	Hypoestes	Acantháceae
Impátiens	-Neu-Guinea- -Hybriden		Fleißiges Lieschen	Balsamináceae
Impátiens	répens	2	Fleißiges Lieschen	
Impátiens	walleriána	2	Fleißiges Lieschen	
Iresíne	hérbstii	3	Iresine	Amarantáceae
Iresíne	lindénii	3	Iresine	
Ixóra	coccínea	2	Ixore	Rubiáceae
Jacaránda	mimosifólia	3	Jacaranda	Bignoniáceae
Jacobínia	cárnea	3	Jakobinie	Acantháceae
Jatrópha	podágrica	3	Dickstamm	Euphorbiáceae
Kalánchoë	beharénsis	2	Kalanchoë	Crassuláceae
Kalánchoë	blossfeldiána	2	Kalanchoë	
Kalánchoë	daigremontiána	2	Brutblatt	
Kalánchoë	mangínii	2	Kalanchoë	
Kalánchoë	tubiflóra	2	Brutblatt	
Lachenália	aloídes	4	Lachenalie	Liliáceae
Laélia	ánceps	3	Laelie	Orchidáceae
Laélia	purpuráta	3	Laelie	
Lantána	-Camára -Hybriden		Wandelröschen	Verbenáceae
Lapagéria	rósea	3	Lapagerie	Liliáceae
Laúrus	nóbilis	2	Lorbeer	Lauráceae
Leptospérmum	scopárium	5	Leptospermum	Myrtáceae
Lithops	pseudotrun- catélla	4	Lebender Stein	Aizoáceae
Livistóna	austrális	5	Livistonie	Arecáceae
Livistóna	chinénsis	1	Livistonie	
Lobívia	haageána	3	Lobivia	Cactáceae
Lonicéra	japónica	1	Geißblatt	Caprifoliáceae
Lophóphora	williámsii	3	„Pellote"	Cactáceae
Lótus	berthelótii	2	Hornklee	Fabáceae
Lycáste	aromática	3	Lycaste	Orchidáceae
Lycáste	skínneri	3	Lycaste	
Lycáste	trícolor	3	Lycaste	
Macrozámia	spirális	5	Makrozamie	Cycadáceae
Mammillária	bombycína	3	Warzenkaktus	Cactáceae
Mammillária	cáput-medúsae	3	Warzenkaktus	
Mammillária	compréssa	3	Warzenkaktus	
Mammillária	élegans	3	Warzenkaktus	

Mammillária	eriacántha	3	Warzenkaktus	Cactaceae
Mammillária	magnimámma	3	Warzenkaktus	
Mammillária	rhodántha	3	Warzenkaktus	
Mammillária	zeilmanniäna	3	Warzenkaktus	
Maránta	bícolor	3	Marante	Marantáceae
Maránta	leuconéura	3	Marante	

var. kerchoveána, smaragdgrün,
var. massangeána, kleine Blätter, unten rot

Maxillária	pícta	3	Maxillaria	Orchidáceae
Medinílla	magnífica	2	Medinille	Melastomatáceae
Medinílla	sedifólia	2	Medinille	
Melaléuca	hypericifólia	5	Myrtenheide	Myrtáceae
Melocáctus	commúnis	2	Melonenkaktus	Cactáceae

Mesembryánthemum ist bzw. wird in viele Gattungen aufgeteilt

Metrosidéros	excélsa	2	Eisenholzbaum	Myrtáceae
Microcöelum	weddeliánum	3	Microcoelum-Palme	Arecáceae
			„Kokos-pälmchen"	
Microlépia	spelúncae	2,4	Microlepie	Dennstaedtiáceae
Miltoniópsis	vexillária	3	Miltonie	Orchidáceae
Mimósa	pudíca	3	Schamhafte Sinnpfl.	Mimosáceae
Mónstera	deliciósa	3	Monstera	Aráceae
Mónstera	adansónii	2,3	Monstera	
Muehlenbéckia	compléxa	2	Muehlenbeckie	Polygonáceae
Músa	× paradisíaca		Banane	Musáceae
Myrtillocáctus	geométrizans	3	Heidelbeerkaktus	Cactáceae
Mýrtus	commúnis	1a	Myrte, Brautmyrte	Myrtáceae
Neobuxbáumia	polylópha	3	Neobuxbaumie	Cactáceae
Neoregélia	carolínae	3	Neoregelie	Bromeliáceae
	'Trícolor'			
Neoregélia	concéntrica	3	Neoregelie	
Neoregélia	spectábilis	3	Neoregelie	
Nepénthes	-Hybriden		Kannenstrauch	Nepentháceae
Nepénthes	mirábilis	2	Kannenstrauch	
Nepénthes	sanguínea	2	Kannenstrauch	
Nepénthes	ventricósa	2	Kannenstrauch	
Nephrólepis	cordifólia	2	Nephrolepis	Nephrolepidáceae
	'Plumósa'			
Nephrólepis	exaltáta	2	Nephrolepis	

Als wichtige Exaltata-Sorten sind aufgeführt:
'Bornstedt', mehrfach fein gefiedert
'Bostoniénsis', einfach gefiedert
'Fósteri', hängend, doppelt gefiedert
'Harrísii', einfach gefiedert, gewellt
'Hílii', schmal doppelt gefiedert

'**Maasii**', gedrungen, einfach gefiedert
'**Roosevéltii**', gewellt, geöhrte Fiedern
'**Whitmánnii**', kraus, breit, gefiedert

Nérium	**oleánder**	1a	Oleander	Apocynáceae
Nértera	**granadénsis**	3	Korallenbeere	Rubiáceae
Nidulárium	**billbergioídes**	3	Nidularie	Bromeliáceae
Nidulárium	**fúlgens**	3	Nidularie	
Nidulárium	**innocéntii**	3	Nidularie	
Nidulárium	**striátum**	3	Nidularie	Bromeliáceae
Nopalxóchia	**phyllanthoídes**	3	Nopalxochie	Cactáceae
	'**Deutsche Kaiserin**'		„Phyllokaktus"	
Odontoglóssum	**críspum**	3	Odontoglossum	Orchidáceae
Ondotoglóssum	**gránde**	3	Odontoglossum	
Ondotoglóssum	**nóbile**	3	Odontoglossum	
Oncídium	**krameriánum**	3	Oncidium	Orchidáceae
Oncídium	**marshalliánum**	3	Oncidium	
Oncídium	**papílio**	3	Schmetterlings-Oncidium	
Onýchium	**japónicum**	1,2	Klauenfarn	Cryptogramma-ceae
Ophiopógon	**jabúran**	1	Schlangenbart	Liliáceae
Ophiopógon	**japónicus**	1	Schlangenbart	
Oplísmenus	**hirtéllus**	2,3	Oplismenus	Poáceae
Opúntia	**clavarioídes**	3	„Negerfinger"	Cactáceae
Opúntia	**erinácea**	1,3	Opuntie	
Opúntia	**fícus-índica**	1a,2,3	Feigenopuntie	
Opúntia	**micródasys**	3	Goldopuntie	
Opúntia	**subuláta**	3	Zylinderopuntie	
Oreocéreus	**celsiánus**	3	Bergcereus	Cactáceae
Oreópanax	**dactylifólius**	3	Bergaralie	Araliáceae
Ornithógalum	**arábicum**	1a	Milchstern	Liliáceae
Óxalis	**déppei**	3	„Glücksklee"	Oxalidáceae
Óxalis	**tetraphýlla**	3	„Glücksklee"	
Pachypódium	**geáyi**	2	Pachypodium	Apocynáceae
Pachypódium	**lamérei**	2	Pachypodium	
Pachystáchys	**lútea**	3	Pachystachys	Acantháceae
Palisóta	**bracteósa**	2	Palisote	Commelináceae
Pándanus	**útilis**	2	Schraubenbaum	Pandanáceae
Pándanus	**veítchii**	2	Schraubenbaum	
Paphiopédilum	**callósum**	2	Venusschuh	Orchidáceae
Paphiopédilum	**-Hybriden**		Venusschuh	
Paphiopédilum	**insígne**	2	Venusschuh	
Paphiopédilum	**philippinénse**	2	Venusschuh	
Parthenocíssus	**henryána**	1	Jungfernrebe	Vitáceae

Passiflóra	caerúlea	3	Blaue Passions- blume	Passifloráceae
Passiflóra	quadranguláris	3	Riesengranadilla	
Passiflóra	racemósa	3	Passionsblume	
Pavónia	multiflóra	3	Pavonie	Malváceae
Pelargónium	-Grandiflórum -Hybriden		Edelpelargonie	Geraniáceae
Pelargónium	gravéolens	4	Rosenpelargonie	Geraniáceae
Pelargónium	odoratíssimum	4	Zitronenpelargonie	
Pelargónium	-Peltátum -Hybriden		Efeupelargonie	
Pelargónium	rádens	4	Pelargonie	
Pelargónium	-Zonále -Hybriden		Zonalpelargonie	
Pelecýphora	asellifórmis	3	Asselkaktus	Cactáceae
Pellãéa	rotundifólia	2	Pellaea	Sinopteridáceae
Pellãéa	víridis	2	Pellaea	
Pelliónia	púlchra	2	Pellionie	Urticáceae
Pelliónia	répens	2	Pellionie	
Peperómia	argyreia	3	Zwergpfeffer	Piperáceae
Peperómia	caperáta	3	Zwergpfeffer	
Peperómia	fráseri	3	Zwergpfeffer	
Peperómia	glabélla	3	Zwergpfeffer	
Peperómia	incána	3	Zwergpfeffer	
Peperómia	obtusifólia	3	Zwergpfeffer	
Peperómia	puteoláta	3	Zwergpfeffer	
Peperómia	verticilláta	3	Zwergpfeffer	
Peréskia	aculeáta	3	Pereskie	Cactáceae
Perilépta	dyeriána	2	Perilepte	Acantháceae
Pernéttya	mucronáta	3,6	Torfmyrte	Ericáceae
Petúnia	-Hybriden		Petunie	Solanáceae
Pháius	tancarvílleae	2	Phajus	Orchidáceae
Phalaenópsis	amábilis	2	Malaienblume	Orchidáceae
Phalaenópsis	-Hybriden		Malaienblume	
Phalaenópsis	schilleriána	2	Malaienblume	
Philodéndron	bipinnatífidum	3	Philodendron	Aráceae
Philodéndron	élegans	3	Philodendron	
Philodéndron	elongátum	3	Philodendron	
Philodéndron	erubéscens	3	Philodendron	
Philodéndron	ilsemánnii		Philodendron	
Philodéndron	imbe	3	Philodendron	
Philodéndron	pedátum	3	Philodendron	
Philodéndron	melanochrýsum		Philodendron	
Philodéndron	bipennifólium	3	Philodendron	
Philodéndron	sagittifólium	3	Philodendron	

Philodéndron	scándens	3	Philodendron	Aráceae
Philodéndron	sellóum	3	Philodendron	
Philodéndron	squamíferum	3	Philodendron	
Phlebódium	aúreum	3	Tüpfelfarn	Polypodiáceae
Phőénix	canariénsis	2	Phoenix	Arecáceae
Phőénix	loureírii	2	Phoenix	
Phőénix	roebelénii	2	Phoenix	Arecáceae
Phórmium	ténax	2	Neuseeländer Flachs	Liliáceae
Pílea	cadiérei	2	Kanonierblume	Urticáceae
Pílea	mícrophylla	3	Kanonierblume	
Pílea	nummulariifólia	2	Kanonierblume	
Piper	bétle	2	Betel-Pfeffer	Piperáceae
Piper	ornátum	2	Pfeffer	
Pisónia	umbellífera	5	Pisonie	Nyctigináceae
Pittósporum	tobíra	2	Klebsame	Pittosporáceae
Platycérium	bifurcátum	5	Geweihfarn	Polypodiáceae
Platycérium	gránde	2	Geweihfarn	
Platycérium	híllii	5	Geweihfarn	
Platycérium	vássei	2	Geweihfarn	
Platycérium	willínckii	2	Geweihfarn	
Plectránthus	coleoídes	2	Mottenkönig	Lamiáceae
Plectránthus	fruticósus	2	Mottenkönig	
Plectránthus	oertendáhlii	2	Harfenstrauch	
Plumbágo	auriculáta	4	Bleiwurz	Plumbagináceae
Poliánthes	tuberósa		Tuberose	Agaváceae
Polypódium	musifólium	2	Tüpfelfarn	Polypodiáceae
Polýscias	balfouriána	2	Fiederaralie	Araliáceae
Prímula	× kewénsis		Primel	Primuláceae
Prímula	malacoídes	1	Fliederprimel	
Prímula	obcónica	1	Becherprimel	
Prímula	praenítens	1	Chinesen-Primel	
Pseuderán-themum	atropurpúreum	2	Pseuderanthemum	Acantháceae
Ptéris	quadriauríta	2	Saumfarn	Pteridáceae
Ptéris	crética	1a	Saumfarn	

'Albo-Lineáta', weißl. Mittelband
'Májor', dunkelgrün, hochwachsend
‚Párkeri', sehr breit, ungekraust
'Wimséttii', hellgrün, doppelt gefiedert

Ptéris	trémula	5	Saumfarn	
Ptéris	umbrósa	5	Saumfarn	
Púnica	granátum	1a	Granatbaum	Punicáceae
Quesnélia	arvénsis	3	Quesnelie	Bromeliáceae
Quámoclit	lobáta	3	Sternwinde	Convolvuláceae
Ráphia	farinífera	2	Raffiapalme	Arecáceae

Rebútia	chrysacántha	3	Rebutie	Cactáceae
Rebútia	minúscula	3	Rebutie	
Rebútia	senílis	3	Rebutie	
Rechsteinéria	cardinális		siehe gültig bei **Sinníngia**	
Rhaphidóphora	aúrea		= gültig Epiprémnum pinnátum	
Rhaphidóphora	celatocaúlis	2	Rhaphidophora	Aráceae
Rhaphidóphora	decursíva	2	Rhaphidophora	
Rhápis	excélsa		Stecken-Palme	Arecáceae
Rhipsalidópsis	gaertneri	3	Osterkaktus	Cactáceae
Rhipsalidópsis	× graéseri		Schein-Rhipsalis	
Rhipsalidópsis	rósea	3	Schein-Rhipsalis	
Rhípsalis	baccífera	2,3	Rutenkaktus	Cactáceae
Rhodóchiton	atrosangúineus	3	Rhodochiton	Scrophulariáceae
Rhododéndron	símsii	1	Azalee, Rhododendr.	Ericáceae
Rhóeo	spathácea	3	Rhoeo	Commelináceae
Rhoicíssus	capénsis	4	Rhoicissus	Vitáceae
Rondelétia	amoéna	3	Rondeletie	Rubiáceae
Róhdea	japónica		Rohdee	Liliáceae
Rósa	chinénsis	1	Bengalrose	Rosáceae
	var. mínima		Zwergrose	
Roystónea	régia	3	Königspalme	Arecáceae
Ruéllia	macrántha	3	Ruellie	Acantháceae
Sábal	blackburniána		Sabal-Palme	Arecáceae
Sábal	palmétto	1,2	Palmetto-Palme	
Sagerétia	théa	1,2	Sageretie	Rhamnáceae
Saintpaúlia	ionántha	2	Usambara-Veilchen	Gesneriáceae
Sanchézia	nóbilis	3	Sanchezie	Acantháceae
Sansevíéria	trifasciáta	2	Bogenhanf	Agaváceae

'Craígii', mehrere, breite, weißliche Längsstreifen
'Háhnii', rosettig, trichterförmiger Wuchs
'Lauréntii', breite, goldgelbe Randstreifen
'Golden Háhnii', goldgelbe 'Háhnii'

Sarracénia	-Hybriden		Sarracenie	Sarraceniáceae
Sarcocaúlon	vanderiétiae	4	Dickstengel	Geraniáceae
Saxífraga	stolonífera	1	Judenbart	Saxifragáceae
Schéfflera	actinophýlla		siehe gültig bei Brassáia	Araliáceae
Schéfflera	arborícola	2	Schefflera	
Schisma-toglóttis	concínna	2	Schismatoglottis	Aráceae
Schizánthus	-Wisetonénsis -Hybriden		Spaltblume	Solanáceae
Schlumbérgera	-Hybriden		Weihnachtskaktus	Cactáceae
Scindápsus	píctus	2	Scindapsus	Aráceae

Scutellária	costaricána	3	Helmkraut	Lamiáceae
Sédum	morganiánum	3	Sedum, Fetthenne	Crassuláceae
Sédum	pachyphýllum	3	Sedum, Fetthenne	
Selaginélla	ápoda	1	Mooskraut	Selaginelláceae
Selaginélla	denticuláta	1a,2	Mooskraut	
Selaginélla	kraussiána	1a,2	Mooskraut	
Selaginélla	lepidophýlla	3	Auferstehungspfl.	
Selaginélla	marténsii	3	Mooskraut	
Selaginélla	palléscens	3	Mooskraut	Selaginelláceae
Selenicéreus	grandiflórus	2,3	Königin der Nacht	Cactáceae
Selenicéreus	pteránthus	3	Prinzessin der Nacht	
Seemánnia	latifólia	3	Seemannie	Gesneriáceae
Senécio	-Cruéntus -Hybriden		Cinerarie	Asteráceae
Senécio	herreánus	4	Kreuzkraut	
Senécio	kleinia	2	Kleinie	
Senécio	macroglóssus	4	Kreuzkraut	
Senécio	mikanioídes	1a	Sommer-, Stubenefeu	
Setcreásea	pállida	3	Setcreasie	Commelináceae
Sinníngia	-Hybriden		Gartengloxinie	Gesneriáceae
Sinníngia	cardinális	3	Rechsteinerie	
Smithiántha-	-Hybriden		Smithianthe	Gesneriáceae
Smithiántha	zebrína	3	Smithianthe	
Solánum	capsicástrum	3	Korallenbäumchen	Solanáceae
Solánum	pseudo-cápsicum	2	Korallenstrauch	
Soleirólia	soleirólii	1a	Bubikopf	Urticáceae
Sophronítis	coccínea	3	Sophronitis	Orchidáceae
Sparmánnia	africána	4	Zimmerlinde	Tiliáceae
Spathiphýllum	floribúndum	3	Spathiphyllum	Aráceae
Spathiphýllum	wallísii	3	Spathiphyllum	
Stanhópea	hernandézii	3	Getigerte Stanhopee	Orchidáceae
Stanhópea	insígnis	3	Stanhopee	
Stapélia	astérias	4	Stapelie	Asclepiadáceae
Stapélia	hirsúta	4	Stapelie	
Stapélia	pillánsii	4	Stapelie	
Stapélia	variegáta	4	Stapelie	
Stenocéreus	dumortiéri	3	Schraubenkaktus	Cactáceae
Stephanótis	floribúnda	2	Stephanotis	Asclepiadáceae
Strelítzia	regínae	4	Strelitzie	Musáceae
Streptocárpus	-Hybriden		Drehfrucht	Gesneriáceae
Strománthe	amábilis	3	Stromanthe	Marantáceae
Syngónium	podophýllum	3	Syngonium	Aráceae
Tetrastígma	vionieriánum	2	Testrastigma	Vitáceae

Theobróma	cacáo	3	Kakaobaum	Sterculiáceae
Tibouchina	urvilleána	3	Tibouchina	Melastomatáceae
Tillándsia	cyánea	3	Tillandsie	Bromeliáceae
Tillándsia	lindénii	3	Tillandsie	
Tillándsia	polystáchya	3	Tillandsie	
Tillándsia	usneoídes	3	Louisiana-Moos	
Titanópsis	schwantésii	4	Titanopsis	Aizoáceae
Tódea	bárbara	4,5	Todee	Osmundáceae
Tolmíea	menziésii	1	Tolmiee	Saxifragáceae
Torénia	fourniéri	2	Torenie	Scrophulariáceae
Trachélium	caerúleum	1a	Trachelium	Campanuláceae
Trachycárpus	fortúnei	2	Hanf-Palme	Arecáceae
Tradescántia	albiflóra	3	Tradeskantie	Commelináceae
Tradescántia	blossfeldiána	3	Tredeskantie	
Tradescántia	fluminénsis	3	Tradeskantie	
Trichocéreus	cándicans	3	Haarcereus	Cactáceae
Trichodiadéma	dénsum	4	Trichodiadema	Aizoáceae
Urceolína	grandiflóra	3	Eucharis	Amaryllidáceae
Urgínea	marítima	1,2	Meerzwiebel	Liliáceae
Vallóta	speciósa	4	Vallote	Amaryllidáceae
Vánda	coerúlea	2	Vanda	Orchidáceae
Vánda	trícolor	2	Vanda	
Vanílla	planifólia	3	Gewürz-Vanille	Orchidáceae
Veltheímia	capénsis	4	Veltheimie	Liliáceae
Verbéna	ténera	3	Verbene	Verbenáceae
Verónica	vgl. Hébe			
Vibúrnum	tinus	1a	„Laurustinus" der Gärtner	Caprifoliáceae
Vriésea	fenestrális	3	Vriesea	Bromeliáceae
Vriésea	hieroglýphica	3	Vriesea	
Vriésea	-Hybriden		Vriesea	
Vriésea	psittacína	3	Vriesea	
Vriésea	saundérsii	3	Vriesea	
Vriésea	spléndens	3	Vriesea	
Woodwárdia	radícans	1a	Woodwardie	Blechnáceae
Xanthosóma	nígrum	2,3	Xanthosome	Aráceae
Yúcca	aloifólia	2,3	Palmlilie	Agaváceae
Yúcca	elephántipes	3	Palmlilie	
Yúcca	gloriósa	3	Palmlilie	
Yúcca	recurvifólia	3	Palmlilie	
Yúcca	rostráta	3	Palmlilie	
Zantedéschia	aethiópica	4	Zimmer-Calla	Aráceae
Zebrína	péndula	3	Zebra-Tradeskantie	Commelinaceae
Zebrina	purpúsii	3	Zebra-Tradeskantie	
Zygocáctus	-Hybriden		= gültig Schlumbérgera-Hybr.	

Wasserpflanzen

Für Warmwasserbecken und Aquarien ∿
(Bedeutung der Zahlen hinter den Artnamen siehe S. 145)

Alísma	gramíneum	1a	Froschlöffel	Alismatáceae
	f. submérsum			
Aponogéton	madagasca-		Gitterpflanze	Aponogetonáceae
	riénsis	2		
Azólla	caroliniána	1,3	Algenfarn	Azolláceae
Azólla	filiculoídes	1,3	Algenfarn	
Cabómba	caroliniána	1,3	Cabomba	Nymphaeáceae
Callítriche	palústris	1,2,5	Wasserstern	Callitricháceae
Ceratópteris	thalictroídes	2	Hornfarn	Parkeriáceae
Cryptocóryne	ciliáta	2	Cryptocoryne	Aráceae
Cryptocóryne	griffíthii	2	Cryptocoryne	
Cypérus	alternifólius	2,4	Zypergras	Cyperáceae
Cypérus	papýrus	2	Papyrusstaude	
Echinodórus	cordifólius	1,3	Echinodorus	Alismatáceae
Echinodórus	intermédius	3	Echinodorus	
Echinodórus	tenéllus	2,3	Echinodorus	
Eichhórnia	azúrea	3	Eichhornie	Pontederiáceae
Eichhórnia	crássipes	3	Wasserhyazinthe	
Elódea	callitrichoídes	3	Wasserpest	Hydrocharitáceae
Elódea	canadénsis	1	Kanad. Wasserpest	
Egéria	dénsa	3	Wasserpest	
Eurýale	férox	1,2	Euryale	Nymphaeáceae
Heteranthéra	zosterifólia	3	Heteranthere	Pontederiáceae
Hydrílla	verticilláta	1a,2,5	Wasserquirl	Hydrocharitáceae
Limnóphila	sessiliflóra	1,2	Limnophile	Scrophulariáceae
Ludwígia	alternifólia	1,3	Ludwigie	Onágráceae
Myriophýllum	hippuroídes	1,3	Tausendblatt	Haloragáceae
Nelúmbo	lútea	2,3	Amer. Lotosblume	Nymphaeáceae
Nelúmbo	nucífera	2,5	Ind. Lotosblume	
Nympháea	lótus	2	Ägypt. Lotosblume	Nymphaeáceae
Ottélia	alismoídes	2,5	Ottelie	Hydrocharitáceae
Pilulária	globulífera	1a	Pillenfarn	Marsileáceae
Pístia	stratiótes	2,3	Pistie, Wassersalat	Aráceae
Regnellídium	diphýllum	3	Regnellidium	Marsileáceae
Sagittária	subuláta	1,2	Pfeilkraut	Alismatáceae
Salvínia	auriculáta	2,3	Schwimmfarn	Salviniáceae
Salvínia	mínima	3	Schwimmfarn	
Scírpus	cérnuus	2	Frauenhaar	Cyperáceae
Vallisnéria	gigantéa	2,5	Riesen-Vallisnerie	Hydrocharitáceae
Vallisnéria	spirális	1a,2	Schrauben-Vallisnerie	

Victória	amazónica	3	Viktoria	Nymphaeáceae
Victória	cruciána	3	Viktoria	

Für Wasseranlagen im Freien ≋

Ácorus	cálamus	1	Kalmus	Aráceae
Alísma	lanceolátum	1,1a	Froschlöffel	Alismatáceae
Alísma	plantágo-aquática	1,3	Froschlöffel	
Aponogéton	distáchyos	1,4,5	Wasserähre	Aponogetonáceae
Bútomus	umbellátus	1,1a	Blumenbinse	Butomáceae
Callítriche	stagnális	1,2,3,5	Wasserstern	Callitricháceae
Cálla	palústris	1	Sumpfkalla	Aráceae
Cáltha	palústris	1	Sumpf-Dotterblume	Ranunculáceae
Cárex	gráyi	1	Segge	Cyperáceae
Ceratophýllum	demérsum	1–6	Hornblatt	Ceratophylláceae
Erióphorum	vaginátum	1	Wollgras	Cyperáceae
Equisétum	telmateia	1,1a	Riesenschachtelhalm	Equisetáceae
Equisétum	variegátum	1,6	Schachtelhalm	
Hippúris	vulgáris	1,6	Tannenwedel	Hippuridáceae
Hottónia	palústris	1,1a	Wasserfeder	Primuláceae
Hydrócharis	mórsus-ránae	1,1a	Froschbiß	Hydrocharitáceae
Íris	kaempferi	1	Schwertlilie	Iridáceae
Iris	laevigáta	1	Schwertlilie	
Íris	pseudácorus	1a	Schwertlilie	
Iris	sibírica	1	Schwertlilie	
Júncus	effúsus	1–4	Zwergbinse	Juncáceae
Lémna	mínor	1	Wasserlinse	Lemnáceae
Lysichíton	americánus	1	Lysichiton	Aráceae
Menyánthes	trifoliáta	1	Bitterklee	Menyantháceae
Myriophýllum	alterniflórum	1,1a	Tausendblatt	Haloragáceae
Myriophýllum	aquáticum	1a	Tausendblatt	
Myriophýllum	spicátum	1,4	Tausendblatt	
Myriophýllum	verticillátum	1	Tausendblatt	
Núphar	lútea	1,1a	Gelbe Teichrose, Seekandel, Mummel	Nymphaeáceae
Nymphaéa	álba	1,1a	Weiße Seerose	Nymphaeáceae
Nymphaéa	candída	1	Seerose	
Nymphoídes	peltáta	1	Seekanne	Menyantháceae
Phragmítes	austrális	1–6	Schilf, Rohr	Poáceae
Potamogéton	nátans	1,3	Laichkraut	Potamogetonáceae
Ranúnculus	aquátilis	1–3	Wasserhahnenfuß	Ranunculaceae

Ranúnculus	circinátus	1	Wasserhahnenfuß	Ranunculáceae
Ranúnculus	flámmula	1	Brennender Hahnenfuß	
Ranúnculus	hederáceus	1	Wasserhahnenfuß	
Ranúnculus	língua	1,1a	Großer Hahnenfuß	
Sagittária	sagittifólia	1	Gewöhn. Pfeilkraut	Hydrocharitáceae
Scírpus	lacústris	1	Teichbinse	Juncáceae
Scírpus	tabernae- montáni	1,1a	Simse	
Stratiótes	aloídes	1	Krebsschere	Hydrocharitáceae
Trápa	nátans	1,1a	Wassernuß	Typháceae
Týpha	angustifólia	1,1a	Rohrkolben	
Týpha	latifólia	1,5	Rohrkolben	
Týpha	mínima	1,1a	Rohrkolben	
Wólffia	arrhíza	1,1a	Zwergwasserlinse	Lemnáceae

Laubgehölze

Sträucher und Bäume des Freilandes 🌿
(Bedeutung der Zahlen hinter den Artnamen siehe S. 145)

Acanthópanax	sieboldiánus		siehe gültig bei **Eleutherocóccus**	
Ácer	campéstre	1,1a	Feldahorn, Maßholder	Aceráceae
Acer	japónicum	1	Ahorn	
Acer	gínnala	1	Feuerahorn	
Acer	monspessu-lánum	1,1a	Ahorn	
Ácer	negúndo	1	Eschenahorn	
Ácer	palmátum	1	Japan-Ahorn	
Ácer	platanoídes	1	Spitzahorn	
Ácer	pseudoplátanus	1	Bergahorn	
Ácer	rúbrum	1	Rotahorn	
Ácer	rufinerve	1	Ahorn	
Ácer	saccharínum	1	Silberahorn	
Actinída	argúta	1	Strahlengriffel	Actinidiáceae
Actinída	chinénsis	1	Strahlengriffel	
Aesculus	× cárnea		Roßkastanie	Hippocastanáceae
Aesculus	hippocástanum	1	Gemeine Roß-kastanie	
Aesculus	parviflóra	1	Roßkastanie	
Aesculus	pávia	1	Roßkastanie	
Ailánthus	altíssima	1	Götterbaum	Simaroubáceae
Akébia	quináta	1	Akebie	Lardizabaláceae
Álnus	glutinósa	1,1a	Schwarzerle (Eller)	Betuláceae
Álnus	incána	1	Weißerle	
Amelánchier	laévis	1	Felsenbirne	Rosáceae
Amelánchier	lamárckii	1	Felsenbirne	
Amórpha	fruticósa	1,3	Bastardindigo	Fabáceae
Ampelópsis	aconitifólia	1	Scheinrebe	Vitáceae
Andrómeda	polifólia	1	Lavendelheide	Ericaceae
Arália	eláta	1	Aralie	Araliáceae
Árbutus	unédo	1a,2	Erdbeerbaum	Ericáceae
Arctostáphylos	úva-úrsi	1,1a	Bärentraube	Ericáceae
Aristolóchia	marcophýlla	1	Pfeifenwinde	Aristolochiáceae
Arundinária	pygmaéa	1	Arundinarie	Poáceae
Arundinária	simónii	1	Arundinarie	
Aucúba	japónica	1	Aukube	Cornáceae
Bérberis	buxifólia	3	Sauerdorn, Berberitze	Berberidáceae

Bérberis	canadénsis	1	Sauerdorn, Berberitze	Berberidáceae
Bérberis	candídula	1	Sauerdorn, Berberitze	
Bérberis	gagnepainii var. lanceifólia	1	Sauerdorn, Berberitze	
Bérberis	hoŏkeri	1	Sauerdorn, Berberitze	
Bérberis	hýbrido-gagnepainii		Sauerdorn, Berberitze	
Bérberis	juliánae	1	Sauerdorn, Berberitze	
Bérberis	× ottawénsis		Sauerdorn, Berberitze	
Bérberis	× stenophýlla		Sauerdorn, Berberitze	
Bérberis	thunbérgii	1	Sauerdorn, Berberitze	
Bérberis	verruculósa	1	Sauerdorn, Berberitze	
Bérberis	vulgáris	1	Gemeiner Sauerdorn	
Bétula	maximowicziána	1	Birke	Betuláceae
Bétula	nána	1	Zwergbirke	
Bétula	nígra	1	Schwarzbirke	
Bétula	papyrífera	1	Papierbirke	
Bétula	péndula	1,1a	Sandbirke, Weißbirke	
Bétula	pubéscens	1	Moor-, Besenbirke	
Bignónia	capreoláta	1	Kreuzrebe	Bignoniáceae
Bilderdýkia	aubértii		siehe richtig bei	
Bilderdýkia	baldschuánica		Fallópia-Arten	
Broussonétia	papyrifera	1,2	Papier-Maulbeerbaum	Moráceae
Buddléja	alternifólia	1	Schmetterlingsstr., Buddleia	Buddlejáceae
Buddléja	davídii	1	Schmetterlingsstr., Buddleia	
Búxus	sempérvirens	1	Buchsbaum	Buxáceae
Callicárpa	americána	1,2	Schönfrucht	Callicarpáceae
Callicárpa	bodiniéri var. giráldii	1	Schönfrucht	
Callúna	vulgáris	1,1a	Besenheide	Ericáceae

Calycánthus	**fértilis**	1	Gewürzstrauch	Calycantháceae
Calycánthus	**flóridus**	1	Gewürzstrauch	
Cámpsis	**radícans**	1	Trompetenblume	Bignoniáceae
Caragána	**arboréscens**	1	Erbsenstrauch	Fabáceae
Cárpinus	**bétulus**	1	Hainbuche,	Betuláceae
			Weißbuche	
Cárya	**cordifórmis**	1,3	Bitternuß	Juglandáceae
Cárya	**ováta**	1,3	Hickorynuß	
Cárya	**tomentósa**	1	Spottnuß	
Caryópteris	× **clandonénsis**		Bartblume	Verbenáceae
Castánea	**satíva**	1,1a	Eßkastanie, Marone	Fagáceae
Catálpa	**bignonioídes**	1	Trompetenbaum	Bignoniáceae
Ceanóthus	**americánus**	1	Säckelblume	Rhamnáceae
Ceanóthus	**-Hybriden**			
Celástrus	**orbiculátus**	1	Baumwürger	Celastráceae
Céltis	**occidentális**	1	Zürgelbaum	Ulmáceae
Cercidiphýllum	**japónicum**	1	Katsurabaum	Cercidiphylláceae
Cércis	**siliquástrum**	1a	Judasbaum	Caesalpiniáceae
Choenoméles	**-Hybriden**		Zierquitte	Rosàceae
Choenoméles	**japónica**	1	Zierquitte	
Choenoméles	**speciósa**	1	Zierquitte	
Chionánthus	**virgínicus**	1	Schneeflocken-	Oleáceae
			strauch	
Cístus	**laurifólius**	1a	Zistrose	Cistáceae
Cladrástis	**kentúkea**	1	Gelbholz	Fabáceae
Clématis	**alpína**	1	Alpen-Waldrebe	Ranunculáceae
Clématis	**integrifólia**	1	Waldrebe	
Clématis	**-Hybriden**	1	hierher alle	
			großbl. Sorten	
Clématis	**montána**	1	Waldrebe	
Clématis	**vitálba**	1	Echte Waldrebe	
Clerodéndrum	**trichótomum**	1	Clerodendrum	Verbenáceae
Cléthra	**alnifólia**	1	Scheineller	Clethráceae
Colútea	**arboréscens**	1,1a	Blasenstrauch	Fabáceae
Coriária	**terminális**	1	Gerberstrauch	Coriariáceae
Córnus	**álba 'Sibírica'**	1	Hartriegel	Cornáceae
Cornus	**canadénsis**	1	Hartriegel	
Córnus	**flórida**	1,3	Blumenhartriegel	
Córnus	**koúsa**	1	Hartriegel	
Córnus	**más**	1	Kornelkirsche	
Córnus	**sanguínea**	1	Hartriegel	
Córnus	**serícea**	1,1a	Hartriegel	
Corylópsis	**pauciflóra**	1	Scheinhasel	Hamamelidáceae
Corylópsis	**spicáta**	1	Scheinhasel	

Córylus	avellána	1	Haselnuß	Betuláceae
Córylus	colúrna	1	Baumhasel	
Córylus	máxima	1a	Lambertsnuß	
Córylus	máxima 'Purpúrea'		„Bluthasel"	
Cótinus	coggýgria	1,1a	Perückenstrauch	Anacardiáceae
Cotoneáster	adpréssus	1	Zwergmispel	Rosáceae
Cotoneáster	bullátus	1	Zwergmispel	
Cotoneáster	congéstus	1	Zwergmispel	
Cotoneáster	dámmeri	1	Zwergmispel	
Cotoneáster	dielsiánus	1	Zwergmispel	
Cotoneáster	divaricátus	1	Zwergmispel	
Cotoneáster	horizontális	1	Zwergmispel	
Cotoneáster	microphýllus	1	Zwergmispel	
Cotoneáster	multiflórus	1	Zwergmispel	
Cotoneáster	praecox	1	Zwergmispel	
Cotoneáster	salicifólius	1	Zwergmispel	
Cotoneáster	-Wateréri- -Hybriden		Zwergmispel	
Cratáegus	intricáta	1	Scharlachdorn	Rosáceae
Cratáegus	× lavállei		Weißdorn	
Cratáegus	crús-gálli	1	Hahnendorn	
Cratáegus	monógyna	1,1a	Gemeiner Weißdorn eingriffelig	
Cratáegus	laevigáta	1,1a	Weißdorn, zweigriffelig	
Cratáegus	laevigáta 'Paulii'		„Rotdorn"	
Cratáegus	pedicelláta	1	Scharlachdorn	
Cratáegus	× prunifólia		Weißdorn	
Cýtisus	× kewénsis		Geißklee	Fabáceae
Cýtisus	× praecox		Geißklee	
Cýtisus	purpúreus	1a	Geißklee	
Cýtisus	scopárius	1	Besenginster	
Daboécia	cantábrica	1,1a	Irische Heide	Ericáceae
Dáphne	cneórum	1	Rosmarin-Seidelbast	Thymelaeáceae
Dáphne	mezeréum	1	Seidelbast	
Decaísnea	fargésii	1	Decaisnea	Lardizabaláceae
Déutzia	grácilis	1	Deutzie	Saxifragáceae
Déutzia	-Hybriden		Deutzie	
Déutzia	× lemoínei		Deutzie	
Déutzia	scábra	1	Deutzie	
Drýas	octopétala	1	Silberwurz	Rosáceae
Elaeágnus	angustifólia	1	Ölweide	Elaeagnáceae

Elaeágnus	commutáta	1	Ölweide	Elaeagnáceae
Elaeágnus	× ebbíngei		Ölweide	
Elaeágnus	multiflóra	1	Ölweide	
Elaeágnus	púngens	1	Ölweide	
Eleutherocóccus	sieboldiánus	1	Stachelpanax	Araliáceae
Émpetrum	nígrum	1	Krähenbeere	Empetráceae
Enkiánthus	campanulátus	1	Enkianthus	Ericáceae
Erica	arbórea	1a	Erika, Baumheide	Ericáceae
Erica	herbácea	1a	Erika, Schneeheide	
Erica	cinérea	1	Erika, Grauheide	
Erica	tetrálix	1	Erika, Moorheide	
Erica	vágans	1	Erika	
Euónymus	alátus	1	Spindelstrauch	Celastráceae
Euónymus	europáeus	1	Pfaffenhütchen	
Euónymus	fortúnei	1	Spindelstrauch	
Euónymus	latifólius	1a	Pfaffenhütchen	
Euónymus	plánipes	1	Spindelstrauch	
Euónymus	verrucósus	1,1a	Pfaffenhütchen	
Exochórda	giráldii	1	Exochorda	Rosáceae
Exochórda	× macrántha		Exochorda	
Fágus	sylvática	1	Rotbuche	Fagáceae

'Atropunícea', „Blutbuche"
'Laciniáta', schlitzblättrige Buche
'Péndula', Hängebuche
'Purpúreo-péndula', dunkelrote Hängebuche

Fallópia	aubértii	1	Knöterich	Polygonáceae
Fallópia	baldschuánica	1	Knöterich	
Fícus	cárica	1a	Gem. Feigenbaum	Moráceae
Fontanésia	fortúnei	1	Fontanesie	Oleáceae
Forsýthia	× intermédia		Goldglöckchen	Oleáceae
Forsýthia	suspénsa	1	Goldglöckchen	
Fothergílla	májor	1	Federbuschstrauch	Hamamelidáceae
Fothergílla	montícola	1	Federbuschstrauch	
Fráxinus	excélsior	1	Einheimische Esche	Oleáceae
Fráxinus	órnus	1a	Blumenesche	
Fráxinus	pennsylvánica	1	Rotesche	
Fúchsia	magellánica	1	Scharlachfuchsie	Onagráceae
Gaulthéria	procúmbens	1	Gaultherie	Ericáceae
Genísta	germánica	1	Deutscher Ginster	Fabáceae
Genísta	hispánica	1a	Spanischer Ginster	
Genísta	lýdia	1	Ginster	
Genísta	sagittális	1a	Pfeilginster	
Genísta	tinctória	1,1a	Färberginster	

Gledítsia	triacánthos	1	Gleditschie (fälsch-	Caesalpiniáceae
			lich Christusdorn)	
Globulária	cordifólia	1	Kugelblume	Globulariáceae
Gymnócladus	dioícus	1	Geweihbaum	Caesalpiniáceae
Halésia	carolína	1	Schneeglöckchen-	Styracáceae
			baum	
Halimodéndron	halodéndron	1	Salzstrauch	Fabáceae
Hamamélis	japónica	1	Zaubernuß	Hamamelidáceae
Hamamélis	móllis	1	Zaubernuß	
Hamamélis	virginiána	1	Zaubernuß	
Hébe	armstróngii	2	Strauchveronika	Scrophulariaceae
Hédera	cólchica	1	Kaukasus-Efeu	Araliáceae
Hédera	hélix	1,1a	Heimischer Efeu	
Hedýsarum	multíjugum	1	Süßklee	Fabáceae
Hibíscus	syríacus	1	Eibisch,	
			Roseneibisch	Malváceae
Hippóphaë	rhamnoídes	1	Sanddorn	Elaeagnáceae
Holodíscus	díscolor	1	Holodiscus	Rosáceae
Hydrangéa	anómala		Hortensie	Saxífragáceae
	subsp.			
	petioláris	1		
Hydrangéa	áspera	1	Hortensie	
Hydrangéa	paniculáta	1	Hortensie	
Hydrangéa	quercifólia	1	Hortensie	
Hypéricum	calýcinum	1	Johanniskraut	Hypericáceae
Hypéricum	× moseriánum	1	Johanniskraut	
Hypéricum	pátulum	1	Johanniskraut	
Ílex	× altaclarénsis		Stechpalme	Aquifoliáceae
Ílex	aquifólium	1,1a	Stechpalme, Hülse	
Ílex	crenáta	1	Stechpalme	
Jasmínum	nudiflórum	1	Winterjasmin	Oleáceae
Júglans	cinérea	1	Walnußbaum	Juglandáceae
Júglans	nígra	1	Walnußbaum	
Júglans	régia	1	Walnußbaum	
Kálmia	angustifólia	1	Lorbeerrose	Ericáceae
Kálmia	latifólia	1	Berglorbeer	
Kérria	japónica	1	Kerrie	Rosáceae
Koelreutéria	paniculáta	1	Blasenbaum	Sapindáceae
Kolkwítzia	amábilis	1	Kolkwitzie	Caprifoliáceae
+ Laburno-	adámii		Laburnocytisus	Fabáceae
cýtisus				
Laburnum	anagyroídes	1,1a	Goldregen	Fabáceae
Laburnum	× wateréri		Goldregen	
Lavándula	angustifólia	1a	Echter Lavendel	Lamiáceae

Lédum	groenlándicum	1	Porst	Ericáceae
Lédum	palústre	1	Sumpfporst	
Leiophýllum	buxifólium	1	Sandmyrte	Ericáceae
Lespedéza	bícolor	1	Buschklee	Fabáceae
Lespedéza	thunbérgii	1	Buschklee	
Leucóthoë	wálteri	1	Traubenheide	Ericáceae
Ligústrum	obtusifólium	1	Liguster, Rainweide	Oleáceae
Ligústrum	ovalifólium	1	Liguster, Rainweide	
Ligústrum	vulgáre	1,1a	Liguster, Rainweide	
Liquidámbar	styracíflua	1,3	Amberbaum	Hamamelidáceae
Liriodéndron	tulipífera	1	Tulpenbaum	Magnoliáceae
Lonicéra	caprifólium	1,1a	Jelängerjelieber	Caprifoliáceae
Lonicéra	× heckróttii		Heckenkirsche	
Lonicéra	nítida	1	Geißblatt	
Lonicéra	periclýmenum	1	Waldgeißblatt	
Lonicéra	pileáta	1	Geißblatt	
Lonicéra	tatárica	1	Geißblatt	
Lonicéra	× tellманniána		Geißblatt	
Lýcium	chinénse	1	Bocksdorn	Solanáceae
Lýcium	bárbarum	1	Bocksdorn, Teufelszwirn	
Magnólia	acumináta	1	Magnolie	Magnoliáceae
Magnólia	kóbus	1	Magnolie	
Magnólia	stelláta	1	Sternmagnolie	
Magnólia	× soulangiána		Magnolie	
Magnólia	tripétala	1	Schirm-Magnolie	
× Mahobér-beris	neubértii		Mahoberberis	Berberidáceae
Mahónia	aquifólium	1	Gemeine Mahonie	Berberidáceae
Mahónia	beálei	1	Mahonie	
Málus	baccáta	1	Apfelbaum	Rosáceae
Málus	coronária	1	Apfelbaum	
Málus	floribúnda	1	Apfelbaum	
Málus	-Hybriden		Apfelbaum	
Málus	toríngo var. sargéntii	1	Apfelbaum	
Menispérmum	canadénse	1	Mondsame	Menispermáceae
Méspilus	germánica	1a	Mispel	Rosáceae
Mórus	álba	1a	Maulbeerbaum	Moráceae
Mórus	nígra	1a	Maulbeerbaum	
Myríca	gále	1	Gagelstrauch	Myricáceae
Myríca	pensylvánica	1	Gagelstrauch	
Nothofágus	antárctica	6	Scheinbuche	Fagáceae

Ólea	europáéa	1a,2	Ölbaum, Oliven-baum	Oleáceae
Osmánthus	heterophýllus	1	Duftblüte	Oleáceae
Óstrya	carpinifólia	1a	Hopfenbuche	Betuláceae
Pachysándra	terminális	1	Pachysandra	Buxáceae
Paeónia	suffruticósa	1	Strauchpaeonie	Paeoniáceae
Parrótia	pérsica	1	Parrotie	Hamamelidáceae
Parthenocíssus	quinquefólia	1,3	Wilder Wein	Vitáceae
Parthenocíssus	quinquefólia f. engelmánnii		Selbstklimmender wilder Wein	
Parthenocíssus	triscuspidáta	1	Selbstklimmende Jungfernrebe	
Paulównia	tomentósa	1	Paulownie	Scrophulariáceae
Períploca	gráéca	1a	Periploca	Asclepiadáceae
Phellodéndron	amurénse	1	Korkbaum	Rutáceae
Philadélphus	-Coronárius -Hybriden		Falscher Jasmin, Pfeifenstrauch	Saxifragáceae
Philadélphus	inodórus var. grandiflórus	1	Falscher Jasmin	
Philadélphus	-Lemoínei -Hybriden			
Philadélphus	lewísii	1	Falscher Jasmin	
Philadélphus	pubéscens	1	Falscher Jasmin	
Philadélphus	-Virginális -Hybriden			
Photínia	villósa	1	Glanzmispel	Rosáceae
Phyllódoce	caerúlea	1	Blauheide	Ericáceae
Physocárpus	opulifólius	1	Blasenspiere	Rosáceae
Píeris	floribúnda	1	Pieris	Ericáceae
Píeris	japónica	1	Pieris	
Plátanus	× hispánica		Platane	Platanáceae
Plátanus	occidentális	1,3	Platane	
Plátanus	orientális	1	Platane	
Polýgonum	aubértii		siehe richtig	
Polýgonum	baldschuánicum		bei Fallópia	
Pópulus	álba	1,1a	Silberpappel	Salicáceae
Pópulus	× berolinénsis		Berl. Lorbeerpappel	
Pópulus	-Canadénsis -Hybriden		„Euro-amerik. Bastarde"	
Pópulus	canéscens	1	Graupappel	
Pópulus	nígra 'Italica'	1,1a	Schwarzpappel Pyramidenpappel	
Pópulus	simónii	1	Pappel	
Pópulus	trémula	1,1a	Zitterpappel, Espe	

Potentílla	fruticósa	1	Fingerkraut	Rosáceae
Prúnus	ávium	1	Vogel-, Süßkirsche	Rosáceae
Prúnus	cerasífera	1	Kirschpflaume	
	mit einigen			
	Blutvarietäten			
Prúnus	cérasus	1a	Sauerkirsche	
Prúnus	laurocérasus	1	Lorbeerkirsche	
Prúnus	pádus	1	Traubenkirsche	
Prúnus	pérsica		Pfirsichbaum	Rosáceae
Prúnus	sargéntii	1	Wildkirsche	
Prúnus	serótina	1,3	Traubenkirsche	
Prúnus	serruláta	1	Japanische Kirsche	
Prúnus	spinósa	1,1a	Schlehe	
Prúnus	subhirtélla	1	Kirsche	
Prúnus	tríloba	1	Mandelbäumchen	
Pseudosása	japónica	1	Pseudosasa	Poáceae
Ptélea	trifoliáta	1,3	Lederstrauch	Rutáceae
Pterocárya	fraxinifólia	1	Flügelnuß	Juglandáceae
Pyracántha	coccínea	1	Feuerdorn	Rosáceae
Pyracantha	-Hybriden			
Quércus	cérris	1a	Zerreiche	Fagáceae
Quércus	dentáta	1	Japan. Kaisereiche	
Quércus	palústris	1	Sumpfeiche	
Quércus	petráea	1	Traubeneiche	
Quércus	róbur	1	Stieleiche	
Quércus	rúbra	1	Roteiche	
Quércus	súber	1a	Korkeiche	
Quércus	× túrneri		Eiche,	
			halbimmergrün	
Rhámnus	cathárticus	1,1a	Gemeiner	
			Kreuzdorn	Rhamnáceae
Rhámnus	frángula	1,1a	Gemeiner Faulbaum	
Rhododéndron	catawbiénse	1	Alpenrose	Ericáceae
Rhododéndron	ferrugíneum	1	Echte Alpenrose	
Rhododéndron	hirsútum	1	Almenrausch	
Rhododéndron	impedítum	1	Alpenrose	
Rhododéndron	japónicum	1	„Azalea pontica"	
Rhododéndron	mínus	1	Alpenrose	
Rhododéndron	obtúsum	1	Alpenrose	
Rhododéndron	× praécox		Alpenrose	
Rhododéndron	-Repens		Alpenrose	
	-Hybriden			
Rhododéndron	Williamsiánum		Alpenrose	
	Hybriden			

Rhodótypos	scándens	1	Scheinkerrie	Rosáceae
Rhús	glábra	1	Scharlach-Sumach	Anacardiáceae
Rhús	týphina	1	Essigbaum, Hirschkolben-sumach	
Ríbes	alpínum	1,1a	Alpenjohannisbeere	Saxifragáceae
Ríbes	aúreum	1	Goldjohannisbeere	
Ríbes	× gordoniánum		Zierjohannisbeere	
Ríbes	sanguíneum	1	Blutjohannisbeere	
Robínia	híspida	1	Robinie	Fabáceae
Robínia	pseudacácia	1	Robinie, „Akazie"	
Robínia	viscósa	1	Robinie	
Rósa	canína	1,1a	Hundsrose	Rosáceae
Rósa	centifólia		Zentifolie	
Rósa	chinénsis	1	Chin. Bengalrose	
Rósa	× damascéna		Damaszenerrose	
Rósa			Edelrosen-Gruppe, z. B. Teehybriden u. Remontant-rosen	
Rósa			Floribunda-Gruppe	
Rósa			Floribunda-Grandiflóra-Gruppe	
Rósa			Polyántha-Gruppe	
Rósa			Polyántha-Hybriden-Gruppe	
Rósa	gállica	1,1a	Essigrose	
Rósa	hugónis	1	Rose	
Rósa	majális	1	Zimtrose	
Rósa	moscháta	1,2	Moschusrose	
Rósa	multiflóra	1	Kletterrose	
Rósa	nítida	1	Glanzrose	
Rósa	Noisettiána -Hybriden		Noisette-Rose	
Rósa	odoráta	1	Teerose	
Rósa	pimpinellifólia	1	Bibernellrose	
Rósa	rubiginósa	1	Weinrose, Schottische Zaunrose	
Rósa	rugósa	1	Kartoffelrose	
Rósa	wichuraiána	1	Kletterrose	
Rúbus	odorátus	1	Himbeerartig. Rubus	Rosáceae

Rúbus	inérmis	1,1a	Brombeerart. Rubus	Rosáceae
Rúscus	aculeátus	1a	Mäusedorn	Liliáceae
Sálix	acutifólia	1	Weide	Salicáceae
Sálix	álba	1,1a	Silberweide	
	'Tristis'		Hängeweide	
	'Vitellína'		Dotterweide	
Sálix	auríta		Ohrweide	
Sálix	cáprea	1	Salweide	
Sálix	daphnoídes	1	Reifweide	
Sálix	matsudána	1	Weide	
	'Tortuósa'	1	„Korkenzieher- weide"	
Sálix	purpúrea		Purpurweide	
Sálix	répens	1	Kriechweide	
Sálix	sachalinénsis	1	Weide	
	'Secca'	1	Drachenweide	
Sálix	× smithiána		„Küblerweide"	
Sálix	viminális		Korbweide	
Sambúcus	nígra	1	Holunder, „Flieder"	Caprifoliáceae
Sambúcus	racemósa	1,1a	Traubenholunder	
Sása	pygmáea	1	gültig = Arundinária pygmáea	
Sása	veitchii		Sasa	Poáceae
Sinarudinária	muríelae	1	siehe gültig bei Thamnocálamus	Poáceae
Sinarundinária	nítida		Sinarundinarie	
Skímmia	× foremánii	1	Skimmie	Rutáceae
Skímmia	japónica		Skimmie	
Sophóra	japónica	1	Schnurbaum	Fabáceae
Sorbária	aitchisónii	1	Fiederspiere	Rosáceae
Sorbária	sorbifólia	1	Fiederspiere	
Sórbus	americána	1	Eberesche	Rosáceae
Sórbus	ária	1	Mehlbeere	
Sórbus	aucupária	1a 1	Vogelbeerbaum, Eberesche	
Sórbus	intermédia	1	Mehlbeere	
Sórbus	torminális	1,1a	Elsbeere	
Spiráea	× argúta		Spierstrauch	Rosáceae
Spiráea	douglásii	1	Spierstrauch	
Spiráea	Bumalda- Hybriden		Spierstrauch	
Spiráea	menziésii	1	Spierstrauch	
Spiráea	nippónica	1	Spierstrauch	
Spiráea	thunbérgii	1	Spierstrauch	

Spiráea	× vanhóuttei		Spierstrauch	Rosáceae
Staphyléa	cólchica	1	Pimpernuß	Staphyleáceae
Staphyléa	× élegans		Pimpernuß	
Stephanándra	incísa	1	Kranzspiere	Rosáceae
Stephanándra	tanákae	1	Kranzspiere	
Stranváesia	davidiána	1	Stranvaesie	Rosáceae
Stýrax	japónica	1	Storaxbaum	Styracáceae
Symphoricár-pos	albus	1	Schneebeere	Caprifoliáceae
Symphoricár-pos	× chenáultii		Schneebeere	
Symphoricár-pos	orbiculátus	1,3	Korallenbeere	
Syrínga	× chinénsis		Flieder	Oleáceae
Syrínga	emódi	1	Himalaja-Flieder	
Syrínga	josikáea	1	Ungarischer Flieder	
Syrínga	× pérsica		Persischer Flieder	
Syrínga	refléxa	1	Bogenflieder	
Syrínga	× swegifléxa		Flieder	
Syrínga	Vulgáris-Hybriden		Flieder	
Támarix	chinénsis	1,1a	Tamariske	Tamaricáceae
Támarix	parviflóra	1a	Tamariske	
Teúcrium	chamáedrys	1,1a	Edelgamander	Lamiáceae
Thamnocálamus	spatháceus	1	Sinarundinaría	Poáceae
Tília	americána	1	Linde	Tiliáceae
Tília	cordáta	1	Winterlinde	
Tília	× euchlóra		Krimlinde	
Tília	× vulgáris		Holländische Linde	
Tília	platyphýllos	1,1a	Sommerlinde	
Tília	tomentósa	1	Ungar. Silberlinde	
Úlex	europáeus	1,1a	Stechginster	Fabáceae
Úlmus	americána	1	Weißulme	Ulmáceae
Úlmus	mínor		Feldulme	
Úlmus	glábra		Bergulme	
Úlmus	× hollándica		Ulme	
Úlmus	laevis	1,1a	Flatterulme	
Úlmus	procéra	1,1a	Englische Ulme	
Vibúrnum	× burkwóodii		Schneeball	Caprifoliáceae
Vibúrnum	carlésii	1	Schneeball	
Vibúrnum	fárreri	1	Duft-Schneeball	
Vibúrnum	lantána	1,1a	Wolliger Schnee-ball, Schlinge	
Vibúrnum	ópulus	1	Schneeball	

Vibúrnum	plicátum	1	Schneeball	
Vibúrnum	rhytidophýllum	1	Schneeball	Caprifoliáceae
Vínca	mínor	1,1a	Immergrün, Singrün	Apocynáceae
Víscum	álbum	1,1a	Mistel	Lorantháceae
Vítis	coignétiae	1	Rebe	Vitáceae
Vítis	ripária	1	Uferrebe	
Vítis	vinífera	1,1a	Echte Weinrebe	
Weïgela	-Hybriden		Weigelie	Caprifoliáceae
Wistéria	sinénsis	1	Glyzinie, Wistarie	Fabáceae
Zelkóva	carpinifólia	1	Zelkova	Ulmáceae
Zelkóva	serráta	1	Zelkova	

Nadelgehölze

insbesondere Koniferen 🌲
(einschl. Ginkgo)
Bedeutung der Zahlen hinter den Artnamen siehe S. 145

Ábies	**álba**	1,1a	Weißtanne	Pináceae
Ábies	**balsámea**	1	Balsamtanne	
Ábies	**cephalónica**	1a	Griechische Tanne	
Ábies	**cóncolor**	1	Coloradotanne	
Ábies	**homólepis**	1	Nikkotanne	
Ábies	**koreána**	1	Koreatanne	
Ábies	**lasiocárpa**	1	Korktanne	
Ábies	**nordmanniána**	1	Nordmannstanne	
Ábies	**pínsapo**	1a	Spanische Tanne	
Ábies	**procéra**	1	„Silbertanne"	
	'Glàúca'			
Ábies	**veitchii**	1	Veitch-Tanne	
Araucária	**araucána**	3,6	Chilen. Araukarie	Araucariáceae
Calócedrus	**decúrrens**	1	Flußzeder	Cupressáceae
Cédrus	**atlántica**	1a	Atlaszeder	Pináceae
	'Glàúca'			
Cédrus	**deódara**	1	Himalajazeder	
Cédrus	**líbani**	1a	Echte od. Libanon-	
			zeder	
Cephalotáxus	**fortúnei**	1	Kopfeibe	Cephalotaxáceae
Cephalotáxus	**harringtónia**	1	Kopfeibe	
Chamaecýparis	**lawsoniána**	1	Scheinzypresse	Cupressáceae
	mit vielen Säulen-, Hänge- und Zwergformen			
Chamaecýparis	**nootkaténsis**	1	Nutka-Schein-	
	'Péndula'		zypresse	
Chamaecýparis	**obtúsa**	1	Sonnenzypresse	
Chamaecýparis	**pisífera**	1	Sawarazypresse	
	'Squarrósa'		Jugendform	
	'Plumósa'		Übergangsform	
	'Filífera'		Altersform	
Chamaecýparis	**thyoídes**	1	Zederzypresse	
Cryptoméria	**japónica**	1	Sicheltanne	Taxodiáceae
Cunninghámia	**lanceoláta**	1	Spießtanne	Taxodiáceae
× **Cupressocý-**	**leylándii**		Bastardzypresse	Cupressáceae
paris				
Cupréssus	**sempérvirens**	1a	Echte Zypresse	Cupressáceae
	'Strícta'		„Böcklin-Zeder"	
	'Horizontális'			

Ginkgo	bíloba	1	Ginkgo	Ginkgoáceae
Juníperus	chinénsis	1	Chines. Wacholder	Cupressáceae
	'Hétzii'			
	'Pfitzeriána'			
Juníperus	commúnis	1	Gemeiner	
			Wacholder	
	'Strícta'		Irisch. Säulenwach.	
Juníperus	horizontális	1	Kriechwacholder	
Juníperus	sabína	1,1a	Sadebaum	
	'Tamarisci-		Tamariskenbl.	
	fólia'		Sadebaum	
Juníperus	squamáta	1	Wacholder	
	'Méyeri'		Weißblauer Wach.	
Juníperus	virginiána	1	Virgin. Wacholder	
Lárix	decídua	1	Gemeine Lärche	Pináceae
Lárix	kaempferi	1	Japanische Lärche	
Metasequóia	glyptostro-		„Ur-Mammut-	Taxodiáceae
	boídes	1	baum"	
Microbióta	decussáta	1	Microbiata	Cupressáceae
Pícea	ábies	1	Gemeine Fichte,	Pináceae
			fälschl. „Rot-	
			tanne"	
Pícea	breweriána	1	Kalifornische Fichte	
Pícea	engelmánnii	1	Fichte	
Pícea	gláuca	1	Schimmelfichte	
	'Cónica'		Zuckerhutfichte	
Pícea	omórika	1	Omorikafichte	
Pícea	orientális	1	Kaukasusfichte	
Pícea	púngens	1	Stechfichte	
	'Gláuca'		Blaufichte	
	'Gláuca		Kosters Blaufichte	
	Koster'			
Pícea	purpúrea	1	Purpurfichte	
Pícea	sitchénsis	1	Sitkafichte	
Pínus	cémbra	1	Zirbelkiefer, Arve	Pináceae
Pínus	contórta	1	Gedrehte Kiefer	
Pínus	leucodérmis	1a	Schlangenhautkiefer	
Pínus	múgo	1	Krummholzkiefer	
	subsp. múgo		Bergkiefer	
Pínus	nígra	1a	Schwarzkiefer	
Pínus	parviflóra	1	Japan. Weißkiefer	
Pínus	péuce	1a	Rumelische Kiefer	
Pínus	púmlla	1	Kriechkiefer	
Pínus	pínea	1a,2	Pinie, Nußkiefer	

Pínus	ponderósa	1	Gelbkiefer	Pináceae
Pínus	rígida	1	Pechkiefer	
Pínus	× schwerínii		Kiefer	
Pínus	sylvéstris	1	Gemeine oder	
			Waldkiefer, Föhre	
Pínus	stróbus	1	Weymouthkiefer	
Pínus	wallichiána	1	Tränenkiefer	
Pseudólarix	amábilis	1	Goldlärche	Pináceae
Pseudotsúga	menziésii	1	Douglastanne	Pináceae
Sciadópitys	verticilláta	1	Japan. Schirmtanne	Taxodiáceae
Sequoía	sempérvirens	1	Immergr.	Taxodiáceae
			Mammutb.	
Sequoiadéndron	gigantéum	1	Wellingtonie	Taxodiáceae
Taxódium	dístichum	1	Sumpfeibe,	Taxodiáceae
			-zypresse	
Táxus	baccáta	1,1a	Gemeine Eibe	Taxáceae

Cultivare u. a.:
'Overeynderi'
'Fastigiáta Áurea', Säulenform m. goldgelben Nadeln
'Fastigiáta Variegáta', gelblich weiß gerändert
'Adpréssa', breitbuschig, kurze Nadeln

Táxus	cuspidáta	1	Japanische Eibe	
Táxus	× média		Bastardeibe	
Thúja	occidentális	1	Abendl.Lebensbaum	Cupressáceae

'Fastigiáta', kegelförmig, kurze Seitentriebe
'Globósa', kugelig breit
'Rheingold'

Thúja	orientális	1	Morgenl.	
			Lebensbaum	
Thúja	plicáta	1	Riesenlebensbaum	
Thúja	standíshii	1	Japan. Lebensbaum	
Thujópsis	dolabráta	1	Hiba-Lebensbaum	Cupressáceae
Torréÿa	nucífera	1	Nußeibe	Taxáceae
Tsúga	canadénsis	1	Hemlockstanne	Pináceae
Tsúga	diversifólia	1	Jap. Hemlockstanne	
Tsúga	mertensiána	1	Berghemlockstanne	

Obst und Südfrüchte

(Als Obst bezeichnet man die eßbaren Früchte oder Samen von heimischen, mehrjährigen, holzigen oder teilverholzten Pflanzen. Früchte, die in Deutschland weder angebaut noch wild vorkommen, nennt man Südfrüchte.) ☾
Bedeutung der Zahlen hinter den Artnamen siehe S. 145

Actinídia	chinénsis	1	„Kiwipflanze"	Actinidiáceae
Amómum	compáctum	2	Kardamomen	Zingiberáceae
Ananas	comósus	3	Ananas	Bromeliáceae
Arachis	hypogáea	3	Erdnuß	Fabáceae
Bertholletía	excélsa	3	Paranußbaum	Lecythidáceae
Cárica	papáya	3	Melonenbaum	Caricáceae
Cárya	illinoinénsis	1,3	Pekanußbaum	Juglandáceae
Castánea	satíva	1a	Eßkastanie, Marone	Fagáceae
Ceratónia	síliqua	1a	Johannisbrotbaum	Caesalpiniáceae
Cítrus	aurantiifólia	2	Saure Limette	Rutaceae
Cítrus	aurántium subsp. aurántium	2	Bitterorange Pomeranze	
Cítrus	deliciósa	2	Tangerine	
Cítrus	límon		Zitrone, Limone	
Cítrus	× limónia	2	Otaheite-Orange	
Cítrus	máxima		Riesenorange, Pampelmuse	
Cítrus	× nóbilis		Königsorange	
Cítrus	médica	2	Zitronat-Zitrone	
Cítrus	paradísi	2	Grapefruit	
Cítrus	reticuláta	2	Mandarine	
Cítrus	sinénsis		Apfelsine, Orange	
Cócos	nucífera	2	Kokospalme	Arecáceae
Córylus	avellána	1	Haselnuß	Betuláceae
Córylus	máxima	1a	Lambertsnuß	
Cydónia	oblónga	1a	Quitte	Rosáceae
Diospýros	káki	1	Kakipflaume	Ebenáceae
Diospýros	lótus	1	Dattelpflaume	
Fícus	cárica	1a	Gem. Feigenbaum	Moráceae
Fortunélla	margaríta	2	Oval-Kumquat	Rutáceae
Fragária	× ananássa		Gartenerdbeere	Rosáceae
Fragária	chiloénsis	1,3	Chile-Erdbeere	
Fragária	vésca var. semper-flórens	1	Walderdbeere Monatserdbeere	
Júglans	régia	1	Walnußbaum	Juglandáceae

Lítchi	**chinénsis**	2	Litchipflaume	Sapindáceae
Málus	**sylvéstris**		Apfelbaum	Rosáceae
	var. doméstica		Kulturapfel	
Mangífera	**índica**	2	Mangobaum	Anacardiáceae
Méspilus	**germánica**	1a	Mispel	Rosáceae
Músa	× **paradisíaca**		Banane	Musáceae
	var. normális		Gemüsebanane	
	var. paradisíaca		Obstbanane	
Myrística	**frágrans**	2	Muskatnußbaum	Myristicáceae
Ólea	**európáéa**	1a,2	Olivenbaum,	Oleáceae
			Ölbaum	
Passiflóra	**edúlis**	2	Purpur-Granadille	Passifloráceae
Phőénix	**dactylífera**		Echte Dattelpalme	Arecáceae
Pérsea	**americána**	3	Avocadobirne	Lauráceae
			Aguacate	
Piménta	**dioíca**	2,3	Pimentbaum	Myrtáceae
Prúnus	**dúlcis**	1a	Mandelbaum	Rosáceae
Prúnus	**armeníaca**	1	Aprikose	
Prúnus	**ávium**	1	Vogel- od.	
			Süßkirsche	
Prúnus	**cerasífera**	1	Kirschpflaume	
Prúnus	**cérasus**	1,1a	Sauerkirsche,	
			Morelle	
Prúnus	**doméstica**	1	Pflaume, Zwetsche	
	subsp. insitítia		Haferschlehe,	
			Krieche	
	subsp. itálica		Reineclaude	
	subsp. syríaca		Mirabelle	
Prúnus	**máhaleb**	1	Steinweichsel,	
			Felsenkirsche	
Prúnus	**pérsica**		Pfirsichbaum	
	var. nucipérsica		Nektarine	
Psídium	**guajáva**	3	Guava	Myrtáceae
Púnica	**granátum**	1,1a	Granatbaum	Punicáceae
Pýrus	**commúnis**		Birnbaum	Rosáceae
Ríbes	**nígrum**	1	Schwarze Johannis-	Saxifragáceae
			beere, Ahlbeere	
Ríbes	**rúbrum**	1	Gartenjohannis-	
			beere	
Ríbes	**úva-críspa**		Stachelbeere	
Rúbus	**chamáémorus**	1	Moltebeere Rosáceae	
Rúbus	**„fructicósus"**		Brombeere	
Rúbus	**idáéus**	1	Himbeere	
Sórbus	**aucupária**	1	Vogelbeerbaum	Rosáceae
	var. edúlis		Eßbare Eberesche	

Sórbus	**doméstica**	1,1a	Speierling	Rosáceae
	'Pyrifera'		birnförm. Speierling	
	'Pomífera'		apfelförm. Speierling	
Vaccínium	**myrtíllus**	1	Heidel-, Blaubeere	Ericáceae
Vaccínium	**corymbósum**	1	„Blueberry"	
Vaccínium	**vitis-idǽa**	1	Preisel-, Kronsbeere	Ericáceae
Vítis	**vinífera**	1,1a	Weinrebe	Vitáceae

Gemüse

(Als Gemüse bezeichnet man die krautigen Nutzpflanzen, deren Blätter, Blattstiele, Stengel, Schößlinge, Fruchtböden, Früchte und Wurzeln dem Menschen als Nahrung dienen). ♂

Bedeutung der Zahlen hinter den Artnamen siehe S. 145

Abelmóschus	**esculéntus**	1a,2	Okra	Malváceae
Állium	**ampelóprasum**	1,1a	Perlzwiebel	Liliáceae
Állium	**ascalónicum**		Schalotte	
Állium	**cépa**		Speisezwiebel	
Állium	**fistulósum**		Winterzwiebel	
Állium	**pórrum**	1a	Porree, Lauch	
Állium	**satívum**	1,2	Knoblauch	
Állium	**schoenóprasum**	1	Schnittlauch	
Ápium	**gravéolens**	1–4	Sellerie	Apiáceae
	var. **dúlce**		Bleich-Sellerie	
	var. **rapáceum**		Knollen-Sellerie	
	var. **secálinum**		Schnitt-Sellerie	
Armorácia	**rusticána**	1	Meerrettich	Brassicáceae
Aspáragus	**officinális**	1,1a	Spargel	Liliáceae
Átriplex	**horténsis**		Gartenmelde	Chenopodiáceae
Béta	**vulgáris**	1,1a,2	Runkelrübe, Bete	Chenopodiáceae
	var. **altíssima**		Zuckerrübe	
	var. **conditíva**		Rote Bete, Salatbete	
	var. **vulgáris**		Mangold	
Brássica	**nápus**		Raps, Rübe	Brassicáceae
	var. **napobrássica**		Steckrübe, Wrucke	
Brássica	**olerácea**			Brassicáceae
	convar. **acéphala**			
	var. **gongylódes**		Kohlrabi	
	var. **medullósa**		Markstammkohl	
	var. **sabéllica**		Grünkohl	
	convar. **botrýtis**			
	var. **botrýtis**		Blumenkohl, Karfiol	
	var. **itálica**		Sprossenbrokkoli	
	convar. **capitáta**			
	var. **capitáta**		Weißkohl, Rotkohl	

	var. sabáuda		Wirsing	
	convar.			
	olerácea			
	var.			
	gemmífera		Rosenkohl	
Brássica	pekinénsis	1	„Chinakohl"	Brassicáceae
Brássica	rápa	1,1a	Weiße Rübe	
	var. sylvéstris		Rübsen „Stielmus"	
Cápsicum	ánnuum	3	Gemüsepaprika	Solanáceae
Chaerophýllum	bulbósum	1	Kerbelrübe	Apiáceae
Cichórium	endívia	1,1a	Winterendivie	Cichoriáceae
	var. críspum		Kr. Winterendivie	
	var. latifólium	1,1a	Eskariol	
Cichórium	íntybus		Weiße Zichorie	
	var. foliósum		Chicoree	
	var. satívum		Wurzel-Zichorie	
Citrúllus	lanátus	2	Wassermelone	Cucurbitáceae
Crámbe	marítima	1	Meerkohl	Brassicáceae
Cúcumis	mélo		Melone	Cucurbitáceae
Cúcumis	satívus	2	Gurke	
Cucúrbita	ficifólia	3	Feigenblattkürbis	Cucurbitáceae
	resistente Unterlagen gegen die Gurkenwelke			
Cucúrbita	máxima	3	Riesenkürbis	
Cucúrbita	pépo	1,3	Gartenkürbis	
	var. giromontiína		Zucchini	
Cýnara	cardúnculus	1a	Cardy, Span. Artischocke	Asteráceae
Cýnara	scólymus		Artischocke	
Cyphomándra	betácea	3	Baumtomate	Solanáceae
Daúcus	caróta		Mohrrübe, Möhre	Apiáceae
Glycíne	max		Soja-Bohne	Fabáceae
Heliánthus	tuberósus	1	Topinambur, Erdbirne	Asteráceae
Lactúca	satíva		Gartensalat, Lattich	Cichoriáceae
	var. capitáta		Kopfsalat	
	var. críspa		Pflücksalat, Schnittsalat	
	var. longifólia		Römischer Salat	
Léns	culináris		Linse	Fabáceae
Lepídium	satívum	1a	Gartenkresse, Kresse	Brassicáceae

Lycopérsicon	lycopérsicum	3	Tomate	Solanáceae
Málva	vertícilláta	1	Krause Malve	Malváceae
Pastináca	satíva	1	Pastinake, Hammel-möhre, Pasternak	Apiáceae
Phaséolus	vulgáris	3	Bohne	Fabáceae
	var. nánus		Busch, Kruppbohne	
	var. vulgáris		Stangenbohne	
Písum	satívum	1,1a	Erbse	Fabáceae
	convar. speciósum		Futtererbse	
	convar. medulláre		Markerbse	
	convar. axíphium		Zuckererbse	
	convar. satívum		Pal- oder Schalerbse	
Ráphanus	satívus		Rettich	Brassicáceae
	var. níger		Schwarzer Rettich	
	var. oleifórmis		Ölrettich	
	var. satívus		Radies	
Rhéum	rhabárbarum	1	Rhabarber	Polygonáceae
Rúmex	acetósa		Gem. Sauerampfer	Polygonáceae
Rúmex	patiéntia	1,1a	Gemüseampfer, Engl. Spinat	
Scorzonéra	hispánica	1,1a	Schwarzwurzel	Cichoriáceae
Solánum	melóngena	2	Eierfrucht, Aubergine	Solanáceae
Solánum	tuberósum	3	Kartoffel	
Spinácia	olerácea		Spinat	Chenopodiáceae
Stáchys	siebóldii	1	Knollenziest (japan. Kartoffel)	Lamiáceae
Taráxacum	officinále	1	Löwenzahn	Chichoriáceae
Tetragónia	tetragonioídes	2,5	Neuseeländer Spinat	Aizoáceae
Tragopógon	porrifólius	1a	Hafer-, Weißwurzel	Asteráceae
Valerianélla	locústa	1,1a	Feldsalat,Ackersalat	Valerianáceae
Vícia	fába		Puff-, Dicke Bohne	Fabáceae
Zéa	máys	3	Mais	Poáceae
	convar. saccharáta		Zuckermais	

Gewürz- und Küchenkräuter des Freilandes

(Sie werden als ein- oder mehrjährige Pflanzen kultiviert.) ♃
Bedeutung der Zahlen hinter den Artnamen siehe S. 145)

Allium	schoenóprasum	1	Schnittlauch	♃ Liliáceae
Anéthum	gravéolens	1a,2	Dill	⊙ Apiáceae
Angélica	archangélica	1	Angelika, Engelwurz	♃ Apiáceae
Anthríscus	cerefólium		Kerbel	⊙ Apiáceae
Armorácia	rusticána	1	Meerrettich	♃ Brassicáceae
Artemísia	absínthium	1,1a	Wermut	♃ Asteráceae
Artemísia	dracúnculus	1	Estragon	♃
Artemísia	vulgáris	1,1a	Beifuß	♃
Borágo	officinális	1a	Boretsch, Gurkenkraut	⊙ Boragináceae
Brássica	nígra	1	Schwarzer Senf	⊙ Brassicáceae
Cápsicum	ánnuum	3	Gemüsepaprika	⊙ Solanáceae
Cárum	cárvi	1	Kümmel	⊙ Apiáceae
Chamomílla	recutíta	1,1a,2	echte Kamille	⊙ Asteráceae
Cnícus	benedíctus	1a	Benediktenkraut	⊙ Asteráceae
Coriándrum	satívum	1a	Koriander	⊙ Apiáceae
Foenículum	vulgáre	1a	Fenchel	♃ Apiáceae
Hyssópus	officinális	1	Ysop	♃ Lamiáceae
Lepídium	satívum	1a	Gartenkresse, Kresse	⊙ Brassicáceae

Levísticum	officinále	1	Liebstöckel	♃ Apiáceae
Majoréna	horténsis	1a,2	= Oríganum majoréna	⊙ Lamiáceae
Matricária	chamomílla		siehe gültig Chamomilla	
Melíssa	officinális	1	Zitronenmelisse	♃ Lamiáceae
Méntha	× piperíta		Pfefferminze	♃ Lamiáceae
Mýrrhis	odoráta	1	Myrrhe, Süßdolde	♃ Apiáceae
Nastúrtium	officinále	1–5	Brunnenkresse	♃ Brassicáceae
Ocimum	basílicum		Basilienkraut	⊙ Lamiáceae
Oríganum	majoréna	1a,2	Majoran	⊙ Lamiáceae
Petroselínum	críspum	1a	Petersilie	⊙ Apiaceae
Pimpinélla	anísum	1a	Anis	⊙ Apiáceae
Pimpinélla	saxífraga	1	Bibernelle, Pimpinelle	♃
Rosmarínus	officinális	1a	Rosmarin	Lamiáceae
Rúta	gravéolens		Raute	♃ Rutáceae
Sálvia	officinális	1,1a	Gartensalbei	♃ Lamiáceae

Satureja	horténsis	1a	Bohnenkraut, Pfefferkraut	⊙	Lamiáceae
Satureja	montána	1a	Winterbohnenkraut	♃	
Thymus	vulgáris	1a	Thymian	♃	Lamiáceae

Einjährige und zweijährige Unkräuter

(Unkräuter sind im weitesten Sinne des Wortes „Nicht-Kulturpflanzen", die unerwünschte Eindringlinge in die Kulturpflanzenbestände sind; „Wild- oder Nutzkräuter" setzen Alternative für das Wort Unkräuter ein.) U
Bedeutung der Zahlen hinter den Artnamen siehe S. 145

Aethúsa	cynápium	1	Hundspetersilie	Apiáceae
Agrostémma	githágo	1,1a,2	Kornrade	Caryophylláceae
Amaránthus	retrofléxus	3	Fuchsschwanz	Amaranth* áceae
Anagállis	arvénsis	1,1a,3	Ackergauchheil	Primuláceae
Anthemis	arvénsis	1,1a	Ackerkamille	Asteráceae
Anthemis	cótula	1,1a,2	Stink. Hundskamille	
Anthríscus	cerefólium		Wilder Kerbel	Apiáceae
Anthríscus	sylvéstris	1,1a	Wiesenkerbel	Apiáceae
Antirrhínum	oróntium	1a,2	Ackerlöwenmaul	Scrophulariáceae
Ápera	spíca-vénti	1	Windhalm	Poáceae
Árctium	láppa	1	Große Klette	Asteráceae
Árctium	mínus	1,1a	Kleine Klette	
Árctium	tomentósum	1	Filzige Klette	
Arenária	serpyllifólia	1,1a	Sandkraut	Caryophylláceae
Aspérula	arvénsis	1a	Acker-Meier	Rubiáceae
Átriplex	pátula	1,1a	Gemeine Melde	Chenopodiáceae
Avéna	fátua	1	Wind- od. Flughafer	Poáceae
Brómus	stérilis	1,1a	Taube Trespe	Poáceae
Brómus	tectórum	1,1a	Dachtrespe	Poáceae
Capsélla	búrsa-pastóris	1	Hirtentäschelkraut	Brassicáceae
Cardámine	hirsúta	1,1a	Haar-Schaumkraut	Brassicáceae
Centauréa	cýanus	1a	Kornblume	Asteráceae
Chaerophýllum	témulum	1,1a	Kälberkropf	Apiáceae
Chamomílla	suavéolens	1	Wilde Kamille, Strahllose Kamille	Asteráceae
Chenopódium	álbum	1	Gänsefuß, „Melde"	Chenopodiáceae
Cónium	maculátum	1,1a	Schierling	Apiáceae
Conýza	canadénsis	1	Kan. Berufkraut	Asteráceae
Cuscúta	epithýmum	1	Kleeseide	Convolvuláceae
Datúra	stramónium	3	Stechapfel	Solanáceae
Digitária	sanguinális	1–5	Bluthirse	Poáceae
Erígeron	canadénsis		gültig bei Conýza	
Eródium	cicutárium	1a	Reiherschnabel	Geraniáceae
Eróphila	vérna	1,1a	Hungerblümchen	Brassicáceae
Erýsimum	cheiranthoídes	1	Schöterich	Brassicáceae
Euphórbia	helioscópia	1,1a,2	Sonnenwolfsmilch	Euphorbiáceae
Euphórbia	láthyris	1a	Spring-Wolfsmilch	
Euphórbia	péplus	1,2	Wolfsmilch	

Fallópia	convólvulus	1,1a	Windenknöterich	Polygonáceae
Fumária	officinális	1,1a	Erdrauch	Papaveráceae
Galeópsis	ládanum	1	Hohlzahn, Hanf-nessel	Lamiáceae
Galeópsis	tétrahit	1,2	Hohlzahn, Gem. Daun	
Galinsóga	ciliáta	3	Franzosenkraut	Asteráceae
Galinsóga	parviflóra	3	Franzosenkraut	
Gálium	aparíne	1	Klebkraut, Labkraut	Rubiáceae
Geránium	disséctum	1,1a,2	Storchschnabel	Geraniáceae
Geránium	mólle	1,1a	Storchschnabel	
Geránium	pusíllum	1	Storchschnabel	
Geránium	robertiánum	1,1a	Storchschnabel	
Heliotrópium	europáeum	1a	Skorpionskraut	Boragináceae
Hórdeum	murínum	1	Mäusegerste	Poáceae
Hyoscýamus	níger	1,1a	Bilsenkraut	Solanáceae
Ibéris	amára	1,1a	Bauernsenf	Brassicáceae
Impátiens	parviflóra	1	Springkraut	Balsamináceae
Lámium	amplexicáule	1,1a	Taubnessel	Lamiáceae
Lámium	purpúreum	1,1a	Ackertaubnessel	
Lapsána	commúnis	1,1a	Gemeiner Rainkohl	Cichoriáceae
Láthyrus	áphaca	1,1a	Platterbse	Fabáceae
Lepídium	campéstre	1	Feldkresse	Brassicáceae
Lithospérmum	arvénse	1,1a,2	Ackersteinsame	Boragináceae
Lólium	temuléntum	1,2,5	Taumellolch	Poáceae
Málva	neglécta	1,1a,2	Kl. Malve, Käsepappel	Malváceae
Málva	sylvéstris	1,1a	Wilde Malve, Roßpappel	
Matricária	matricarioídes		siehe gültig bei **Chamomilla**	
Melampýrum	arvénse	1	Ackerwachtelweizen	Scrophulariáceae
Melilótus	álba	1	Weißer Steinklee	Fabáceae
Melilótus	officinális	1	Echter Steinklee	
Mercuriális	ánnua	1,1a	Bingelkraut	Euphorbiáceae
Myosótis	arvénsis	1	Vergißmeinnicht	Boragináceae
Oenothéra	biénnis	1,3	Nachtkerze	Onagráceae
Onopórdum	acánthium	1	Eselsdistel	Asteráceae
Orobánche	ramósa	1a,4	Hanftod	Orobancháceae
Papáver	dúbium	1,1a	Saatmohn	Papaveráceae
Papáver	rhőeas	1,1a	Klatschmohn	
Póa	ánnua	1–5	Rispengras	Poáceae
Polýgonum	aviculáre	1,1a	Vogelknöterich	Polygonáceae
Polýgonum	convólvulus		siehe gültig bei **Fallopia**	

Polýgonum	lapathifólium	1	Ampfer-Knöterich	Polygonáceae
Polýgonum	persicária	1,1a	Floh-Knöterich	
Ráphanus	raphanístrum	1,1a	Hederich	Brassicáceae
Scleránthus	ánnuus	1,1a	Knäuel	Caryophylláceae
Senécio	jacobáëa	1,1a	Jakobs-Kreuzkraut	Asteráceae
Senécio	vernális	1	Frühlingskreuzkraut	
Senécio	viscósus	1	Klebriges Kreuzkraut	
Senécio	vulgáris	1,1a	Gemeines Kreuzkraut	
Setária	itálica		Borstenhirse	Poáceae
Sinápis	arvénsis	1,1a	Ackersenf	Brassicáceae
Sisýmbrium	officinále	1,1a	Wegrauke, Rauke	Brassicáceae
Solánum	nígrum	1–5	Nachtschatten	Solanáceae
Sónchuss	ásper	1,1a,2	Rauhe Saudistel	Cichoriáceae
Sónchus	oleráceus	1,1a	Kohlgänsedistel	
Spérgula	arvénsis	1	Ackerspörgel, Spark	Caryophylláceae
Spérgula	morisónii	1	Ziest	
Stáchys	arvénsis	1,1a,2	Ackerziest	Lamiáceae
Stellária	média	1–5	Vogel-, Sternmiere	Caryophylláceae
Thláspi	arvénse	1,1a	Ackertäschelkraut	Brassicáceae
Trifólium	arvénse	1,1a,2	Hasenklee	Fabáceae
Úrtica	úrens	1,4,5	Kleine Brennessel	Urticáceae
Verónica	agréstis	1,1a	Ackerehrenpreis	Scrophulariáceae
Verónica	hederifólia	1,1a	Efeubl. Ehrenpreis	
Verónica	pérsica	1,2	Pers. Ehrenpreis	
Verónica	triphýllos	1,1a	Dreiblättriger Ehrenpreis	
Víola	trícolor	1,1a	Stiefmütterchen	Violáceae

Ausdauernde Unkräuter ⊕

(Bedeutung der Zahlen hinter den Artnamen siehe S. 145)

Aegopódium	podagrária	1	Giersch, Geißfuß	Apiáceae
Agropýron	répens	1,1a	Quecke	Poáceae
Artemísia	vulgáris	1,1a	Beifuß	Asteráceae
Bryónia	alba	1,1a	Rotfr. Zaunrübe	Cucarbitáceae
Bryónia	crética	1,1a	Schwarzfr.Zaunrübe	
	ssp. dioíca			
Calystégia	sépium	1–5	Zaunwinde	Convolvuláceae
Campánula	rapunculoídes	1	Ackerglockenblume	Campanuláceae
Cardária	drába	1,1a	Pfeilkresse	Brassicaceae
Chelidónium	május	1,1a,2	Schöllkraut	Papaveráceae
Chrysánthemum	vúlgare	1	Rainfarn	Asteráceae
Círsium	vulgáre	1,1a	Kratzdistel	Asteráceae
Convólvulus	arvénsis	1,1a	Ackerwinde	Convolvuláceae
Equisétum	arvénse	1	Ackerschachtelhalm	Equisetáceae
Glechóma	hederácea	1	Gundermann	Lamiáceae
Heracléum	sphondýlium	1,1a	Wiesen-Bärenklau	Apiáceae
Hólcus	lanátus	1,1a,2	Honiggras	Poáceae
Hydrocótyle	vulgáris	1,1a	Wassernabel	Apiáceae
Hypéricum	perforátum	1,1a	Johanniskraut	Hypericaceae
Júncus	effúsus	1–4	Binse	Juncáceae
Lámium	álbum	1	Taubnessel	Lamiáceae
Lámium	maculátum	1	Taubnessel	
Láthyrus	tuberósus	1,1a	Knollige Platterbse	Fabáceae
Leonúrus	cardíaca		Herzgespann	Lamiáceae
Linária	vulgáris	1	Leinkraut	Scrophulariáceae
Petasítes	hýbridus	1	Pestwurz	Asteráceae
Plantágo	lanceoláta	1,1a	Spitzwegerich	Plantagináceae
Plantágo	májor	1,1a	Großer Wegerich	
Plantágo	média	1	Bastard-Wegerich	
Potentílla	anserína	1–5	Gänsefingerkraut	Rosáceae
Ranúnculus	ácris	1,1a	Scharfer Hahnenfuß	Ranunculáceae
Ranúnculus	bulbósus	1,1a	Knollenhahnenfuß	
Ranúnculus	ficária	1,1a	Scharbockskraut	
Ranúnculus	répens	1,1a	Kriech. Hahnenfuß	
Rúmex	acetosélla	1,1a	Kleiner Sauerampfer	Polygonáceae
Rúmex	críspus	1	Krauser Ampfer	
Rúmex	obtusifólius	1,1a	Ampfer	
Sagína	procúmbens	1	Mastkraut	Caryophylláceae
Sónchus	arvénsis	1,1a	Gänse-, Saudistel	Asteráceae
Tanacétum	vulgáre		siehe gültig bei Chrysánthemum vulgáre	
Taráxacum	officinále	1	Löwenzahn	Cichoriáceae

Tussilágo	fárfara	1,1a	Huflattich	Asteráceae
Úrtica	dioíca	1,1a,2,3	Große Brennessel	Urticáceae
Verónica	filifórmis	1	Faden-Ehrenpreis	Scrophulariáceae
Vícia	crácca	1	Vogelwicke	Fabáceae
Vícia	sépium	1	Zaunwinde	

Grasarten für Zierrasen, Sportrasen, Straßenränder und Böschungen

Bedeutung der Zahlen hinter den Artnamen siehe S. 145
Aufgeführt sind nur die wichtigsten Arten. Nomenklatur und systematische Abgrenzung
bereiten teilweise Schwierigkeiten. In einigen Fällen sind diese angegeben worden (Kennzeichnung i. w. S. = im weiteren Sinne hinter den Artbezeichnungen bei sogenannten
Sammelarten bzw. Hinweis Kl. A = Kleinart hinter entsprechenden Epitheta).

Agróstis	canína	1	Hundsstraußgras	Poáceae
Agróstis	vineális Kl. A	1	Sandstraußgras	
Agróstis	gigantéa Kl. A	1	Fioringras	
Agróstis	stolonífera i.w.S.	1,1a,5	Flechtstraußgras	
Agróstis	capilláris	1,1a	Rotes Straußgras	
Avenélla	flexuósa	1,1a,3,6	Drahtschmiele	Poáceae
Brachypódium	pinnátum	1,1a	Fiederzwenke	Poáceae
Brómus	eréctus	1,1a	Aufrechte Trespe	Poáceae
Brómus	inérmis	1	Wehrlose Trespe	
Cýnodon	dáctylon	2,3	Hundszahngras, engl. Bermudagras	Poáceae
Cynosúrus	cristátus	1	Kammgras	Poáceae
Festúca	duriúscula Kl. A		Härtlicher Schwingel	Poáceae
Festúca	nigréscens Kl. A		Horst-Rotschwingel	
Festúca	ovína i.w.S.	1,1a	Schafschwingel	
Festúca	rúbra i.w.S.	1	Rotschwingel	
Lólium	perénne	1,1a	Engl. Raygras, dtsch. Weidelgras	Poáceae
Phléum	bertolónii Kl. A		Zwiebellieschgras	Poáceae
Póa	ánnua	1–5	Jähriges Rispengras	Poáceae
Póa	compréssa	1	Platthalmrispengras	
Póa	nemorális	1,1a	Hainrispengras	
Póa	praténsis	1,1a	Wiesenrispengras	
Póa	triviális	1,1a	Gemeines Rispengras	

Anmerkung: Festúca „duriúscula" des Handels (dort meist nur „Schafschwingel") entspricht größtenteils der Kl. A **Festúca trachyphýlla** heutiger Nomenklatur. F. „duriúscula"
ist ein vieldeutiger, mißverständlicher Name, unter dem auch andere Arten laufen und
liefen, und sollte künftig nicht mehr verwendet werden. Inwieweit Phl. bertolónii zu Phl.
nodósum gehört, sei dahingestellt. Unsicher ist auch der Gattungsname für die Drahtschmiele. Er kann künftig wieder Deschámpsia lauten. Agróstis vineális wird häufig als
A. coarctáta geführt. Leider werden die Namen oft gewechselt, wie selbst Prof. Boeker in
jüngster Vergangenheit bedauernd festgestellt hat.
Ein ganz neues Rasengras ist Póa supína. Es hat Ähnlichkeit mit P. ánnua, aber wesentlich
bessere Eigenschaften.

Liste veränderter, wissenschaftlich korrekter Pflanzennamen

Zusammengefaßt in dieser Aufstellung sind nur bedeutsame Arten, die im Verlauf der letzten Jahre „neue" wissenschaftliche Namen erhalten haben, ohne daß Gärtner und Floristen davon bislang hinlänglich Kenntnis nahmen.

Jetzt gültige Namen	Ungültige Namen
Ábies lasiocárpa	Ábies arizónica
Ábies procéra	Ábies nóbilis
Abulílon píctum	Abutílon striátum
Actǽa pachýpoda	Actǽa álba
Adiántum raddiánum	Adiántum cuneátum
Aeschynánthus radícans	Aeschynánthus javánicus,
	A. lobbiánus, A. púlcher
Alternanthéra ficoídea	Alternanthéra amœ́na
Amelánchier lamárckii	Amelánchier canadénsis
Anthemis marschalliána	Anthemis biebersteiniána
Araucária heterophylla	Araucária excélsa
Arundinária pygmǽe	Sása pygmǽa
Aspáragus densiflórus ‚Spréngeri'	Aspàragus spréngeri
Aspáragus retrofráctus var. myriocládus	Aspáragus myriocládus
Aspáragus setáceus	Aspáragus plumósus
Asplénium daucifólium	Asplénium viríparum
Brachyscóme (Gattungsname)	Brachycóme
Brassaïa actinophýlla	Schéfflera actinophýlla
Chamomílla recutíta	Matricária chamomílla
Chamomílla suavéolens	Matricária matricarioídes
Choenoméles (Gattungsname)	Chaenoméles
Cleome spinósa	Cleóme púngens
Clárkia unguículáta	Clárkia élegans
Cordýline fruticósa	Cordyline terminális
Córnus serícea	Córnus stolonífera
Crássula perfoliáta	Crássula falcáta
Cratǽgus intricáta	Cratǽgus coccínea (zum Teil)
Cratǽgus laevigáta	Cratǽgus monógyna (zum Teil)
Cratǽgus × lavállei	Cratǽgus × carriérei
Cratǽgus pedicelláta	Cratǽgus coccínea (zum Teil)
Cýclamen hederifólium	Cýclamen neapolitánum
Cýclamen purpuráscens	Cýclamen europǽum
Dictamnus álbus	Dictámnus fraxinélla
Dorónicum orientále	Dorónicum caucásicum
Dracǽna surculósa var. maculáta	Dracǽna godseffiána

Dipteracánthus devosiánus	Ruéllia devosiána
Dryópteris affínis	Dryópteris bórreri, Dr. pseŭdomas
Epiprémnum pinnátum	Rhaphidóphora aurea, Scindápsus áūreus
Echevéria púmila	Echevéria gláŭca
Eríca herbácea	Eríca cárnea
(umstrittener Fall. Epitheton carnea wieder „legitim“)	
Eustóma grandiflórum	Eustóma russeliánum
Fallópia aubértii	Bilderdykia aubértii, Polýgonum aubértii
Fallópia baldschuánica	Bilderdykia baldschuánica, P. baldschuánicum
Festúca cinérea	Festúca gláŭca
Ficus deltoídea	Fícus diversifólia
Fícus púmila	Fícus répens, F. stipuláta
Fícus sagittáta	Fícus radícans
Gálium odorátum	Aspérula odoráta
Goniolímon tatáricum	Státice tatárica
Gentiána acaŭlis	Gentiána kochiána
Gentiána septémfida	Gentiana lagodechiána
Heliánthus atrorúbens	Heliánthus sparsifólius
Heliópsis helianthoídes	Heliópsis scábra
Helictótrichon sempérvirens	Avéna sempérvirens
Heliotrópium arboréscens	Heliotrópium peruviánum
Kalánchoe daigremontiána	Bryophýllum daigremontíanum
Kalánchoe tubiflóra	Bryophýllum tubiflórum
Lamiástrum galeóbdolon	Lámium galeóbdolon
Leucóthoe wálteri	Leucóthoe fontanesiána (catesbáei)
Ligulária dentáta	Ligulária clivórum
Lobulária marítima	Alýssum marítimum
Lonicéra nítida	Lonicéra yunnanénsis
Lýcium bárbarum	Lýcium halimifólium
Lycopérsicon lycopérsicum	Solánum lycopérsicum
Nértera granadénsis	Nértera depréssa
Philodéndron melanochrýsum	Philodéndron andreānum
Phlebódium aŭreum	Polypódium aŭreum
Pícea ábies	Pícea excélsa
Plátanus × hispánica	Plátanus × nýbrida, Pl. acerifólia
Pínus wallichiána	Pínus griffíthii
Prímula Júliae-Hybriden	Prímula × pruhoniciána
Prímula praénitens	Prímula sinénsis
Prímula vulgáris	Prímula acaŭlis
Platycérium bifucátum	Platycérium alcicórne (z. T.)

Quércus róbur
Rhododéndron símsii
Rhododéndron lúteum
Rhőēo spathácea
Rósa pimpinellifólia
Reynoűtria japónica
Sálvia víridis
Saxífraga paniculáta
Schlumbérgera-Hybriden
Senécio bícolor

Setcreásea pallida
Stáchys byzantína
Symphoricárpos álbus (wie früher)
Thamnocálamus spatháceus
Tília × vulgáris
Trachycárpus fortúnei
Úlmus mínor
Verónica austríaca
Vibúrnum fárreri
Vibúrnum plicátum
  f. tomentósum

Quércus pedunculáta
Azálea índica
Azálea póntica, Rh. flávum
Rhőēo díscolor
Rósa spinosissima
Polygonum cuspidátum
Sálvia hórminum
Saxífraga aizóon
Zygocáctus-Hybriden
Senécio cinerària,
  Cinerária marítima
Setcreásea purpúrea
Stáchys olýmpica, St. lanáta
Symphoricárpos riruláris
Sinarundinária muríelae
Tília europáēa, T. × intermédia
Chamáērops excélsa
Úlmus campéstris, U. carpinifólia
Verónica teűcrium
Viburnum frágrans
Vibúrnum tomentósum

Datúra species werden neuerdings z. T. unter Brugmánsia geführt. Ausgeschlossen davon ist in jedem Fall D. stramónium.

Das Dendránthema-„Problem" bei Chrysánthemum besteht weiterhin (siehe Anmerkungen an entsprechenden Stellen dieses Buches). Die Auffassungen der Autoren sind leider sehr unterschiedlich. Die recht weitgefaßte Sammelgattung Chrysánthemum wird aber auf Dauer nicht existent bleiben. Zumindest scheint sich Dendránthema índicum für Chr. índicum durchsetzen zu können. Ob die Praxis das schnell akzeptieren wird, bleibt abzuwarten.

Liste der Pflanzenfamilien

Acantháceae	Akanthusgewächse
Aceráceae	Ahorngewächse
Actinidiáceae	Strahlengriffelgewächse
Agaváceae	Agavengewächse
Aizoáceae	Mittagsblumengewächse
Alismatáceae	Froschlöffelgewächse
Amaranthaceae	Amarantgewächse
Amaryllidáceae	Amaryllisgewächse
Anacardiáceae	Sumachgewächse
Apiáceae	(Umbellíferae) Doldenblütler
Apocynáceae	Hundsgiftgewächse
Aponogetonáceae	Wasserährengewächse
Aquifoliáceae	Stechpalmengewächse
Aráceae	Aronstabgewächse
Araliáceae	Araliengewächse
Araucariáceae	Araukariengewächse
Arecáceae (Pálmae)	Palmengewächse
Aristolochiáceae	Osterluzeigewächse
Asclepiadáceae	Seidenpflanzengewächse
Asteráceae =	Korbblütler mit Röhren-
Compósitae-	blüten und oft
Tubuliflórae	auch Zungenblüten
Azolláceae	Algenfarngewächse
Balsamináceae	Balsaminengewächse
Begoniáceae	Schiefblattgewächse
Berberidáceae	Sauerdorngewächse
Betuláceae	Birkengewächse
Bignoniáceae	Trompetenbaumgewächse
Boragináceae	Boretschgewächse
Brassicáceae	(Crucíferae) Kreuzblütler
Bromeliáceae	Ananasgewächse
Buddlejáceae	Schmetterlingstrauchgewächse
Butomáceae	Butomusgewächse
Buxáceae	Buchsbaumgewächse
Cactáceae	Kakteengewächse
Caesalpiniáceae	Caesalpiniengewächse
Callitricháceae	Wassersterngewächse
Calycantháceae	Gewürzstrauchgewächse
Campanuláceae	Glockenblumengewächse
Cannáceae	Blumenrohrgewächse
Capparáceae	Kaperngewächse

Caprifoliáceae	Geißblattgewächse
Caricáceae	Melonenbaumgewächse
Caryophylláceae	Nelkengewächse
Celastráceae	Spindelbaumgewächse
Cephalotaxáceae	Kopfeibengewächse
Ceratophylláceae	Hornblattgewächse
Cercidiphylláceae	Judasbaumblattgewächse
Chenopodiáceae	Gänsefußgewächse
Cichoriáceae =	Korbblütler nur mit
Comp.-Liguliflórae	Zungenblüten
Cistáceae	Zistrosengewächse
Clethráceae	Scheinellergewächse
Commelináceae	Commelinengewächse siehe
Compósitae	Korbblütler (Asteráceae u. Cichoriáceae)
Convolvuláceae	Windengewächse
Coriariáceae	Gerberstrauchgewächse
Cornáceae	Hartriegelgewächse
Corynocarpáceae	Karakabaumgewächse
Crassuláceae	Dickblattgewächse
Crucíferae	Kreuzblütler siehe alternativ bei Brassicáceae
Cucurbitáceae	Kürbisgewächse
Cupressáceae	Zypressengewächse
Cyatheáceae	Becherfarngewächse
Cycadáceae	Palmfarngewächse
Cyclantháceae	Scheibenblumengewächse
Cyperáceae	Riedgräser, Sauergräser
Dicksoniáceae	Dicksoniengewächse
Dioscoreáceae	Yamswurzelgewächse
Dipsacácea	Kardengewächse
Droseráceae	Sonnentaugewächse
Ebenáceae	Ebenholzgewächse
Elaeagnáceae	Ölweidengewächse
Empetráceae	Krähenbeerengewächse
Epacridáceae	Australheidegewächse
Equisetáceae	Schachtelhalmgewächse
Ericáceae	Heidekrautgewächse
Euphorbiáceae	Wolfsmilchgewächse
Fabáceae	Schmetterlingsblütler
Fagáceae	Buchengewächse
Ficoidáceae =	Mesembryanthemáceae
	Mittagsblumengewächse siehe gültig bei Aizoáceae
Gentianáceae	Enziangewächse
Geraniáceae	Storchschnabelgewächse
Gesneriáceae	Gesneriengewächse

Ginkgoáceae	Ginkgogewächse
Gleicheniáceae	Gleicheniengewächse
Globulariáceae	Kugelblumengewächse
Gramíneae	Echte Gräser, Süßgräser siehe alternativ bei Poáceae
Haloragáceae	Meerbeerengewächse
Hamamelidáceae	Zaubernußgewächse
Hippocastanáceae	Roßkastaniengewächse
Hippuridáceae	Tannenwedelgewächse
Hydrocharitáceae	Froschbißgewächse
Hydrophylláceae	Wasserblattgewächse
Hypericáceae	Johanniskrautgewächse
Iridáceae	Schwertliliengewächse
Juglandáceae	Walnußgewächse
Juncáceae	Binsengewächse
Lamiáceae (Labiátae)	Lippenblütler
Lardizabaláceae	Lardizabalagewächse
Lauráceae	Lorbeergewächse
Lecythidáceae	Krukenbaumgewächse
Leguminósae =	Hülsenfrüchtler
Fabáles	sind eine Ordnung, aufgeteilt in die Familien:
Caesalpiniáceae	Caesalpiniengewächse
Mimosáceae	Mimosengewächse
Fabáceae	Schmetterlingsblütler
Lemnáceae	Wasserlinsengewächse
Lentibulariáceae	Wasserschlauchgewächse
Liliáceae	Liliengewächse
Limnantháceae	Sumpfblumengewächse
Lináceae	Leingewächse
Loasáceae	Loasagewächse
Loganiáceae	Loganiengewächse
Lorantháceae	Mistelgewächse
Lythráceae	Weiderichgewächse
Magnoliáceae	Magnoliengewächse
Malváceae	Malvengewächse
Marantáceae	Marantagewächse
Marsileáceae	Kleefarngewächse
Melastomatáceae	Schwarzmundgewächse
Menyantháceae	Bitterkleegewächse
Menispermáceae	Mondsamengewächse
Mesembry-	Mittagsblumengewächse
anthemáceae	siehe gültig bei Aizoáceae
Mimosáceae	Mimosengewächse
Moráceae	Maulbeerbaumgewächse
Musáceae	Bananengewächse

Myricáceae	Gagelgewächse
Myristicáceae	Muskatnußbaumgewächse
Myrsináceae	Myrsinengewächse
Myrtáceae	Myrtengewächse
Nepentháceae	Kannenstrauchgewächse
Nyctagináceae	Wunderblumengewächse
Nymphaeáceae	Seerosengewächse
Oleáceae	Ölbaumgewächse
Onagráceae	Nachtkerzengewächse (Oenotheráceae)
Orchidáceae	Orchideen
Orobancháceae	Sommerwurzgewächse
Osmundáceae	Königsfarngewächse
Oxalidáceae	Sauerkleegewächse
Paeoniáceae	Pfingstrosengewächse
Pálmae	Palmen siehe Arecáceae
Pandanáceae	Schraubenbaumgewächse
Papaveráceae	Mohngewächse
Papilionáceae	Schmetterlingsblütler siehe korrekt bei Fabáceae
Parkeriáceae	Parkeriengewächse
Passifloráceae	Passionsblumengewächse
Phytolaccáceae	Kermesbeergewächse
Pináceae	Kieferngewächse
Piperáceae	Pfeffergewächse
Pittosporáceae	Klebsamengewächse
Plantagináceae	Wegerichgewächse
Platanáceae	Platanengewächse
Plumbagináceae	Bleiwurzgewächse
Poáceae	Echte Gräser, Süßgräser
Polemoniáceae	Sperrkrautgewächse
Polygonáceae	Knöterichgewächse
Polypodiáceae	Tüpfelfarngewächse i. w. S. siehe Nachtrag zur Liste der Pflanzenfamilien
Pontederiáceae	Pontederiagewächse
Portulacáceae	Portulakgewächse
Potamogetonáceae	Laichkrautgewächse
Primuláceae	Primelgewächse
Proteáceae	Proteengewächse
Punicáceae	Granatapfelgewächse
Ranunculáceae	Hahnenfußgewächse
Resedáceae	Resedagewächse
Rhamnáceae	Kreuzdorngewächse
Rosáceae	Rosengewächse
Rubiáceae	Krappgewächse
Rutáceae	Rautengewächse

Salicáceae	Weidengewächse
Salviniáceae	Schwimmfarngewächse
Sapindáceae	Seifenbaumgewächse
Saxifragáceae	Steinbrechgewächse siehe Nachtrag
	zur Liste der Pflanzenfamilien
Schizaeáceae	Schizaeagewächse
Scrophulariáceae	Braunwurzgewächse
Selaginelláceae	Mooskrautgewächse
Simaroubáceae	Bittereschengewächse
Solanáceae	Nachtschattengewächse
Staphyleáceae	Pimpernußgewächse
Sterculiáceae	Sterkuliengewächse
Styracáceae	Styraxbaumgewächse
Tamaricáceae	Tamariskengewächse
Taxáceae	Eibengewächse
Taxodiáceae	Taxodiumgewächse
Theáceae	Teegewächse
Thymelaeáceae	Seidelbastgewächse
Tiliáceae	Lindengewächse
Trapáceae	Wassernußgewächse
Tropaeoláceae	Kapuzinerkressengewächse
Typháceae	Rohrkolbengewächse
Ulmáceae	Ulmengewächse
Umbelliferae	Doldenblütler siehe alternativ bei Apiáceae
Urticáceae	Nesselgewächse
Valerianáceae	Baldriangewächse
Verbenáceae	Verbenengewächse
Violáceae	Veilchengewächse
Vitáceae	Weinrebengewächse
Zingiberáceae	Ingwergewächse

Nachtrag zur Liste der Pflanzenfamilien

Saxifragáceae (Steinbrechgewächse) sind nach Ansicht einiger Pflanzensytematiker nur **krautige** Pflanzen mit zwei mehr oder weniger verwachsenen Fruchtblättern und deutlich **unterständigem** Fruchtknoten. Im wesentlichen handelt es sich in diesem Fall um Arten der Gattung Saxifraga.
Oberständige Fruchtknoten aufweisende **verholzte** Arten z. B. der Gattungen Philadélphus (Pfeifenstrauch) und Hydrangéa (Hortensie), in diesem Buch herkömmlicherweise zu den Steinbrechgewächsen gerechnet, werden dann als **Hydrangeáceae** (Hortensiengewächse) zusammengefaßt.
Sofern aber herkömmliche **holzige** Saxifragaceae **unterständige** Fruchtknoten und außerdem **Beerenfrüchte** haben, z. B. die Ribes-Arten (Stachelbeere und Johannisbeere), kann man sie gleichermaßen selbständig als **Grossulariáceae** (Stachelbeergewächse) führen.
Polypodiáceae (Tüpfelfarngewächse) sind von allen Farnpflanzenfamilien gartenbaulich am bedeutungsvollsten und lassen sich u. a. neu aufteilen in
Adiantáceae (Frauenhaarfarngewächse) mit der Gattung Adiántum
Aspidiáceae (Schildfarngewächse) mit den Gattungen Arachniódes, Cyrtomium, Dryópteris, Polýstichum
Aspleniáceae (Streifenfarngewächse) mit den Gattungen Asplénium und Phyllítis
Athyriáceae (Frauenfarngewächse) mit den Gattungen Athyríum, Cystópteris, Mattéuccia
Blechnáceae (Rippenfarngewächse) mit den Gattungen Bléchnum und Woodwárdia
Cryptogrammáceae (Rollfarngewächse) mit der Gattung Onýchium
Davalliáceae (Davalliengewächse) mit der Gattung Davállia
Dennstaedtiáceae (Schüsselfarngewächse) mit den Gattungen Microlépia und Dennstáedtia
Elaphoglossáceae (Zungenfarngewächse) mit der Gattung Elaphoglóssum
Lomariopsidáceae (deutscher Name?) mit der Gattung Lomariópsis
Onocleáceae (Perlfarngewächse) mit der Gattung Onóclea
Nephrolepidáceae (Nierenschuppenfarngewächse) mit der Gattung Nephrólepsis
Polypodiáceae (Tüpfelfarngewächse) mit den Gattungen Platycérium und Polypódium
Pteridáceae (Saumfarngewächse) mit der Gattung Ptéris
Pteridiáceae (Adlerfarngewächse) mit der Gattung Pterídium
Sinopteridáceae (deutscher Name?) mit der Gattung Pellaea

Schriftliche Mitteilung aus dem Bot. Institut der Universität Wien an den Verfasser: „Diese Farnfamilien raten wir bis auf weiteres in dieser Form im Nachtrag zu belassen. Gegenwärtig gibt es zwei entgegengesetzte ‚Schulen': die einen Farnwissenschaftler splittern die ehemaligen Polypodiaceen in noch kleinere Familien auf, andere versuchen die Synthese zu größeren Familien als der hier gebotene Mittelweg. Wissenschaftlich ist das letzte Wort noch nicht gesprochen, da man über vieles einfach noch zu wenig weiß."

Compósitae (Korbblütler) unterteilt man heute entweder in zwei selbständige Familien (Asteráceae und Cichoriáceae) oder bleibt bei der großen Gesamtfamilie, dann allerdings auch Asteráceae genannt, aber differenziert in die Unterfamilien Asteroídeae = Compósitae-Tubuliflóra und Cichorioídeae = Compósitae-Liguliflórae. In diesem Buch ist die zuerst genannte Konzeption eingehalten worden.

Betuláceae (Birkengewächse) im weiteren Sinn werden heute gelegentlich aufgespalten in **Betulaceae im engeren Sinn** (Bétula und Álnus) und **Coryláceae** (Haselnuß- odere Haselstrauchgewächse) mit den Gattungen Córylus und Carpínus. Die Fassung im weiteren Sinn kann bevorzugt werden.

Liliáceae unterliegen gegenwärtig einer „Zersplitterung" in etliche Kleinfamilien. Darauf kann erst in späteren Auflagen eingegangen werden.

Goodeniáceae sind in diesem Buch jetzt aufgeführt durch die Gattung Scaévola, die, wie alle Vertreter der Familie, Australien als Heimat hat.

Sarracéniáceae lassen sich durch ihre Eigenschaft des Insektenfangs charakterisieren und werden zum Zweck der Sortimentsbereicherung beachtenswerter. Im Buch ist die Gattung Darlingtonia mit einer Art erwähnt.

Saururáceae, auch Molchschwanzgewächse genannt, sind eine sehr artenarme Familie und im Buch durch Houttuýnia cordáta vertreten.

Casuarináceae, Känguruhbaumgewächse, typisch für das Florenreich Australis, werden jetzt auch in diesem Buch geführt. Sie sind vertreten durch Casuarína equisetifólia.

Alphabetische Aufstellung der Artbezeichnungen mit gleichzeitiger Übersetzung

Die Artbezeichnungen, *Epitheta,* dürfen keineswegs in jedem Fall pflanzenbeschreibend (phytographisch) gewertet werden. Dennoch haben sie nicht selten eine gewisse, wenn auch bescheidene Aussagekraft über die jeweilige Pflanze. Viele der *Epitheta* sind Eigenschaftswörter (z..B. *acetósus = sauer*). Vollständig müßte eigentlich geschrieben werden: *acetósus,* -a, -um, und zwar in der Reihenfolge männlich = *masculinum* (m.), weiblich = *femininum* (f.) und sächlich = *neutrum* (n.). Aus Platzeinsparungsgründen ist nur die männliche Endung (-us) angeführt worden, abgesehen von bestimmten Abweichungen, wie *ácer, ácris, ácre* = scharf, *cerásifer, cerasífera, cerasíferum* = kirschentragend oder *mollis* (m., f.) und molle (n.) = weich.

Bei solchen lateinischen Eigenschaftswörtern richtet sich fast stets die vorzunehmende (richtige!) Endung nach dem Geschlecht der in Frage kommenden Gattungsnamen (*Senécio viscósus, Prímula obcónica, Ácer saccharínum, Prúnus cerasífera, Rhododéndron mólle*).

Sind die Epitheta Mittelwörter der Gegenwart (z. B. *répens* = kriechend), ist Zuständigkeit für die drei Geschlechter ohne Endungsänderung gegeben, desgleichen bei Bildungen auf -oides (-ähnlich, -artig) und gelegentlich auch bei Hauptwörtern (*dráco* = Drache). In der ersten Steigerungsstufe, dem Komparativ, lauten die Endungen -or (m., f.) und -us (n.), wie man es z. B. bei *Prímula elátior* (wörtlich übersetzt „höhere Primel") und *Arctium minus* („kleinere Klette" in korrekter Übersetzung) findet.

Gelegentlich handelt es sich um Namen aus Eingeborenensprachen (Vernakularnamen). Als Beispiel sei genannt der indische Name cát(h)echu für *Aréca cátechu,* die Betelnußpalme. In Klammern stehende Buchstaben weisen auf unterschiedliche Schreibweisen hin.

Nicht Berücksichtigung finden in der nachfolgenden Aufstellung solche *Epitheta,* die als Personennamen betrachtet werden müssen, nämlich etwa *thunbérgii* = des Thunberg, *juliánae* = der Juliane oder breweriána in *Picea breweriána* (Brewers Fichte = Mähnenfichte). Nicht berücksichtigt werden ferner altgriechische Ableitungen. Sie sind in manchen Fällen an sich unumgänglich, würden aber schon der anderen Buchstaben wegen den gegebenen Rahmen sprengen.

ábies	antiker Name	acerifólius	ahornblättrig
abrotanifólius	eberrautenblättrig	acetoséllus	säuerlich
		acetósus	sauer
absínthium	Wermut	achilleifólius	achilleablättrig
abyssínicus	abessinisch	aciculáris	nadelspitzig
acanthifólius	akanthusblättrig	ácidus	sauer
acánthium	Stachelstengellos	acinacifólius	säbelblättrig
acaulis, acaule		acinacifórmis,	
acéphalus	kopflos	acinacifórme	säbelförmig
ácer, ácris, ácre	scharf	aconitifólius	eisenhutblättrig

acrostichóides	Acrostichum-ähnlich	alismoídes	froschlöffel-ähnlich
acrótrichus	spitzhaarig	alkekéngi	arab. Name
actinophyllus	strahlenblättrig	alliariifólius	lauchkraut-blättrig
aculeátus	stachelspitzig		
acuminátus	zugespitzt	alnifólius	erlenblättrig
acutiflórus	spitzblütig	aloídes	aloeähnlich
adenóphorus	drüsentragend	aloifólius	aloeblättrig
adenophýllus	drüsenblättrig	alopecuroídes	Fuchsschwanz-ähnlich
adiantifórmis,			
adiantifórme	Adiantum-ähnlich	alpéstris, alpéstre	Alpen-
		alpínus	Alpen-
adpréssus	angedrückt	altaclarénsis,	
aēgilops	griech. Name	altaclarense	aus High Clerk
aesculifólius	roßkastanien-blättrig	altáicus	Altai-
		alternifólius	mit wechsel-ständigen Blüten
aestivális	sommerlich		
aethiópicus	aethiopisch	althaeoídes	Althaea-ähnlich
affínis, affíne	verwandt	altíssimus	sehr hoch
africánus	afrikanisch	amábilis, amábile	lieblich
agavifólius	agavenblättrig	amaranticolor	amarantfarben
agavoídes	agavenähnlich	amárus	bitter
ageratifólius	leberbalsam-blättrig	amazónicus	Amazonas-
		ambíguus	zweifelhaft
ágnus-cástus	keusches Lamm	amblýodon	stumpfzähnig
agréstis	Acker-	amelloídes	amellusähnlich
ailantifólius	götterbaum-blättrig	americánus	amerikanisch
		amethýstinus	amethystfarben
aizoídes	Aizoon-ähnlich	amōēnus	anmutig
aizóon	immergrün	ampelóprasum	Weinbergslauch
ajácis	griech. Name	amphíbius	amphibisch
alátus	geflügelt	amplexicáulis,	
alnifólius	erlenblättrig	amplexicáule	stengelumfassend
álbicans	weißlich	amurénsis,	
álbidus	weißlich	amurénse	Amur-
albiflórus,		amygdálinus	mandelartig
álbiflos	weißblütig	anacámpseros	Liebesrück-bringer
albopilósus	weißhaarig		
álbus	weiß	anagyroídes	Anagyris-ähnlich
álcea	antiker Name	ananássa	Ananas
alcicórnis,		ánceps	zweischneidig
alcicórne	elchgeweihartig	anemonifólius	anemonen-blättrig
aléppicus	aus Aleppo	ánglicus	englisch

anguláris,	
anguláre	kantig
angustifólius	schmalblättrig
anísum	antiker Name
ánnuus	einjährig
anómalus	abnorm
anserínus	gänselieb
antárcticus	antarktisch
anthóra	gegen Gift
aparíne	griech. Name
appenínus	von den
	Appeninen
apétalus	kronblattlos
aphýllus	blattlos
apiculátus	fein zugespitzt
apiifólius	sellerieblättrig
ápodus	stengellos
applanátus	abgeflacht
aquáticus	Wasser-
aquátilis, aquátile	Wasser-
aquifólium	antiker Name
aquilegifolius	akeleiblättrig
aquilínus	Adler-
arábicus	arabisch
arachnoídes	spinnwebartig
arachnoídeus	spinnwebartig
araucánus	Arauco-
arboréscens	baumartig
arbóreus	baumartig
arborícolus	baumbewohnend
archangélica	Engelwurz
árcticus	arktisch
arctótis	Bärenohr
arcuátus	bogenförmig
arenárius	Sandboden-
argénteus	silbrig
argútus	spitzig
argyráeus	silbrig
argyronéurus	silberadrig
ária	antiker Name
arifólius	Blätter wie Arum
ariifólius	mehlbeerblättrig
aristátus	begrannt
arizónicus	Arizona-

armátus	bewaffnet
armeníacus	armenisch
aromáticus	würzig
arrhízus	wurzellos
articulátus	gegliedert
arundináceus	schilfrohrartig
arvénsis, arvénse	Acker-
ascalónicus	Askalon-
asclepiádeus	Asclepius-
	ähnlich
asiáticus	asiatisch
asparagoídes	spargelähnlich
ásper, áspera,	
ásperum	rauh
aspérrimus	sehr rauh
asplenifólius	Blätter wie
	Asplenium
astérias	Seestern
atlánticus	atlantisch, Atlas-
atrátus	geschwärzt
atropurpúreus	dunkelpurpurrot
atrorúbens	dunkelrot
atrosanguíneus	dunkelblutrot
atrovírens	dunkelgrün
attenuátus	verschmälert
aucupárius	für Vogelfang
aurantíacus	orangerot
aurátus	goldig
áureus	goldgelb
auriculátus	ohrförmig
austrális	südlich
austríacus	österreichisch
autumnális,	
autumnále	Herbst-
avellána	Abella-
aviculáris,	
aviculare	Vogel-
avium	Vogel-
azúreus	himmelblau
baccátus	mit Beeren
balcánicus	Balkan-
baldschuánicus	Baldschuan-
balsámeus	balsamisch

balsámifer,	
balsamífera,	Balsam liefernd
balsamíferum	
bannáticus	Banat-
barbadénsis	Barbados-
bárbarus	fremd
barbátus	bärtig
basális	grundständig
basílicus	königlich
batátas	Pflanzenname
	auf Haiti
baváricus	bayrisch
beharénsis	Behara-
belladónna	schöne Frau
bellidifórmis,	
bellidifórme	Bellis-artig
béllus	schön
benedíctus	gesegnet
beng(h)alénsis	Bengalen-
bétulus	birkenähnlich
bicolor	zweifarbig
bicórnis, bicórne	mit 2 Hörnern
bífidus	zweispaltig
biflórus	zweiblütig
bifólius	zweiblättrig
bifurcátus	gegabelt
bignonioídes	Bignonia-ähnlich
bílobus	zweilappig
bipartítus	zweiteilig
bipinnatífidus	doppelt
	fiederspaltig
bipinnátus	doppelt gefiedert
bivittátus	mit 2 Bändern
blándus	angenehm
bombýcinus	seidenwollig
boreális, boreále	nördlich
botryoídes	traubenähnlich
botrýtis	traubig
bracteátus	mit Deckblättern
brasiliénsis,	
brasiliénse	brasilianisch
brevipedunculá-	
tus	kurzgestielt
breviscápus	kurzschäftig

bromelioídes	Bromelia-ähnlich
bryoídes	moosähnlich
búlbifer,	
bulbífera,	
bulbíferum	zwiebeltragend
bulbocódium	Zwiebel mit Haut
bulbósus	Zwiebel-
bullátus	blasig
búrsa-pastóris	Hirtentasche
buxifólius	buschbaum-
	blättrig
byzant(h)ínus	Istambul-
caeléstis, caeléste	himmelblau
caeruléscens	bläulich
caerúleus	blau
caésius	blaugrau
caespitósus	rasenbildend
calábricus	von Kalabrien
cálamus	Rohr-
califórnicus	kalifornisch
callitrichoídes	Callitrichum-
	ähnlich
callósus	schwielig
calýcinus	Kelch-
camára	Kammer
campanulátus	glockenförmig
campéster,	
campéstris,	
campéstre	Feld-
canadénsis,	
canadénse	kanadisch
canariénsis,	
canariénse	kanarisch
cándicans	weißwerdend
candidulus	weiß
cándidus	reinweiß
canéscens	grau werdend
canínus	hundsgemein
cannábinus	hanfartig
cantábricus	Kantabrien-
capénsis, capénse	Kap-
caperátus	gerunzelt
capillifórmis,	
capillifórme	haarförmig

capíllus-véneris	Venushaar
capitátus	kopfförmig
capreolátus	gabelrankig
cápreus	Ziegen-
caprifólium	Geißblatt
capsicástrum	Capsicum-ähnlich
cáput-medúsae	Medusenhaupt
cardíacus	Herz- oder Magenmittel
cardinális, cardinále	scharlachrot
cardúnculus	Kardone
cáricus	karisch
carinátus	gekiehlt
carinthíacus	Kärntner-fleischfarben
cárneus	
carniólicus	Krainer-fleischig
carnósus	
caroliniánus	Carolina-
caróta	Karotte
carpáticus	Karpaten-hainbuchenblättrig
carpinifólius	
carthusiánorum	Kartäuser-arab. Name
carví	
caryophýllus	Nelke
catawbiénsis, catawbiénse	Katawba-ind. Name
cát(h)echu	abführend
cathárticus	
caucásicus	kaukasisch
caudátus	geschwänzt
cauléscens	stengelig
cautícola	Felsenbewohner
célticus	keltisch
cémbra	antiker Name
centifólius	hundertblättrig
cépa	Zwiebel
cerásifer, cerasífera, cerasíferum	kirschentragend
cérasus	Kirsche
ceratocáulus	hornstengelig

cerefólius	wachsblättrig
cérnuus	nickend
cérris	Zerreiche
cervínus	hirschartig
chalcedónicus	Chalcedon-stahlblau
chalybáeus	
chamaecístus	zistrosenartig
chamaeyparíssus	Zwergzypresse
chamáedrys	zwergeichenartig
chamomílla	Kamille
cheiranthoídes	goldlackähnlich
cheíri	arab. Name
chilénsis, chilénse	chilenisch
chiloénsis, chiloénse	Chiloe-
chinénsis, chinénse	chinesisch
chloránthus	grünblühend
chrysánthus	goldgelbblühend
cicutárius	wasserschierlingsartig
ciliáris, ciliáre	bewimpert
ciliátus	bewimpert
cinéreus	aschgrau
cinnabárinus	zinnoberrot
circinális, circinále	kreisförmig
citrínus	zitronengelb
clavátus	keulenförmig
clethroídes	Cletra-ähnlich
clivórum	Hügel-
cneórum	griech. Name
coccíneus	scharlachrot
cochleáris, cochleáre	löffelartig
coeléstis, coeléste	himmelblau
coéli-rósa	Himmelsrose
coggýgria	antiker Name
cólchicus	Schwarzmeer-
collínus	Hügel-
columnáris, columnáre	säulenartig
colúrnus	Hasel

commúnis,	
commúne	gewöhnlich
commutátus	verändert
comósus	schopfig
compáctus	kompakt
compréssus	zusammen-gedrückt
concínnus	angenehm
cóncolor	einfarbig
conditívus	zum Einlegen bestimmt
confúsus	verkannt
congéstus	gedrängt
cónicus	konisch
consólidus	massiv
conspícuus	ansehnlich
contórtus	gewunden
controvérsus	umstritten
convéxus	gewölbt
convólvulus	Winde
cordátus	herzförmig
cordifólius	herzblättrig
corniculátus	gehörnt
cornútus	gehörnt
coronárius	kronenartig
coronátus	kranzartig
corymbósus	doldentraubig
costátus	gerippt
cotylédon	Becher
cóum	von der Insel Kos
crácca	lat. Name
crassifólius	dickblättrig
crássipes	dickfüßig
crássus	dick
crenátus	gekerbt
créticus	Kreta
crinítus	langhaarig
crispátus	gekräuselt
críspus	kraus
crísta-gálli	Hahnenkamm
cristátus	kammförmig
crocátus	krokusfarben
cróceus	gelb

crocosmiiflórus	mit Blüten wie Crocosmia
cruciátus	gekreuzt
cruéntus	blutrot
crús-gálli	Hahnensporn
crystállinus	kristallartig
cucúbalus	lat. Name
culináris, culináre	Küchen-
cultórum	Zucht-
cuneátus	keilförmig
cupreátus	kupferfarben
cúpreus	kupferfarben
curvátus	gekrümmt
cuspidátus	stachelspitzig
cyáneus	dunkelblau
cyanophýllus	dunkelblau-blättrig
cýclops	rund
cylindricus	walzenförmig
cymbalária	Zymbelkraut
cymósus	trugdoldig
cynápium	Hundspetersilie
cyparíssias	zypressenartig
dactýlifer, dactylífera, dactylíferum	datteltragend
dactylifólius	fingerblättrig
dáctylon	Finger
dahúricus	dahurisch
damascénus	Damaskus-
dánicus	dänisch
daphnoídes	seidelbastähnlich
dasyphýllus	rauhblättrig
daucifólius	möhrenblättrig
dealbátus	weiß bestäubt
débilis, débile	schwach
decapétalus	mit 10 Kron-blättern
decíduus	hinfällig
decórus	schön, stattlich
decumánus	sehr groß
decúmbens	niederliegend
decúrrens	herablaufend

decussátus	kreuzweise gegenständig	dúrus	hart
deliciósus	köstlich	ébenum	Ebenholz
deltoídes	deltaförmig	echinátus	igelstachelig
déns-cánis	Hundezahn	edúlis, edúle	eßbar
densiflórus	dichtblütig	effúsus	ausgebreitet
dentátus	gezähnt	eglantéria	wilde Rose
denticulátus	feingezähnt	elásticus	elastisch
denudátus	entblößt	elátior, elátius	höher
deódara	Götterbaum	elátus	hoch
dereménsis,		élegans	zierlich
dereménse	Derema-	elegantíssimus	sehr zierlich
diacánthus	zweistachelig	elephántipes	elefantenfußartig
dídymus	doppelt	elongátus	verlängert
digitátus	gefingert	emódi	Emodus-
dimórphus	verschieden-gestaltig	endívia	antiker Name
		ensifólius	schwertblättrig
dioícus	zweihäusig	ensifórmis,	
diphýllus	zweiblättrig	ensifórme	schwertförmig
dípterus	zweiflügelig	epíthymum	auf Thymian
dipterocárpus	mit zweifl. Frucht	eréctus	aufrecht
díscolor	verschiedenfarbig	ericoídes	Erika-ähnlich
disséctus	geschlitzt	erináceus	igelstachelig
distáchyus	zweiährig	erínus	antiker Name
dístichus	zweizeilig	erubéscens	rotwerdend
divaricátus	sperrig	erythrosépalus	mit roten Kelch-blättern
diversifólius	verschieden-blättrig	esculéntus	eßbar
dolabrátus	beilförmig	euchlórus	freudiggrün
doliifórmis,		europáeus	europäisch
doliifórme	faßförmig	exaltátus	hochgewachsen
domésticus	Haus-	excélsior,	
dónax	Pfeilrohr	excélsius	erhabener
drába	Hungerblume	excélsus	erhaben
dráco	Drache	excísus	ausgeschnitten
dracúnculus	Schlangenwurz	exímius	ausgezeichnet
drupáceus	steinfruchtartig	expánsus	ausgedehnt
dúbius	zweifelhaft	fába	antiker Name
dulcamárus	bittersüß	fabáceus	bohnenartig
dúlcis, dúlce	süß	falcátus	sichelförmig
dumetórum	Hecken-	fárfarus	mehlig bestäubt
dumósus	buschig	farináceus	mehlig bestäubt
dúrior, dúrius	härter	farinósus	mehlig bestäubt
duriúsculus	härtlich	fasciátus	gebändert
		fastigiátus	pyramidal

fátuus	geschmacklos
fenestrális	fensterartig
férox	stark bewehrt
ferrugíneus	rostfarben
fértilis, fértile	fruchtbar
ficárius	feigenartig
ficifólius	feigenblättrig
ficoídes	feigenähnlich
filamentósus	fädig
filíferus	fadentragend
filifórmis,	
filifórme	fadenförmig
filipendulínus	Filipendula-artig
fílix-fémina	weiblicher Farn
fílix-mas	männlicher Farn
fimbriátus	gefranst
fistulósus	röhrig
flabellátus	fächerartig
flabellifórmis,	
flabellifórme	fächerförmig
fláccidus	schlaff
flagellifórmis,	
flagellifórme	peitschenförmig
flámmeus	feuerrot
flámmula	Flämmchen
flavéscens	gelbwerdend
flávus	gelb
flexuósus	gebogen
floccósus	flockig
floribúndus	reichblütig
flóridus	blütenreich
flós-cúculi	Kuckucksblume
flúitans	flutend
fluminénsis,	
fluminénse	Rio de Janeiro-
fluviátilis,	
fluviátile	Fluß-
fóetidus	stinkend
foliósus	blattreich
formósus	schön
frágilis, frágile	zerbrechlich
frágrans	duftend
fraxinifólius	eschenblättrig
frutéscens	halbstrauchig

frúticans	strauchig
fruticósus	strauchig
fúlgens	leuchtend
fúlgidus	leuchtend
fúlvidus	braun
fúlvus	gelbbraun
fúscus	rotbraun
gále	engl. Name
galeóbdolon	antiker Name
gandavénsis,	
gandavénse	von Gent
garcánicus	Monte Gargano
gémmifer,	
gemmífera,	
gemmíferum	knospentragend
geométrizans	gleichmäßig
geoídes	nelkenwurz-ähnlich
germánicus	deutsch
gíbbus	höckerig
gigantéus	riesig
gígas	riesig
ginnala	Volksname
githágo	antiker Name
glabéllus	kahl
gláber, glábra,	
glábrum	kahl
glaciális, glaciále	Gletscher-
glandulósus	drüsig
glaucophýllus	blaugrünblättrig
glaúcus	blaugrün
globósus	kugelig
globúlifer,	
globulífera,	
globulíferum	pillentragend
glomerátus	geknäult
gloriósus	herrlich
glumáceus	spelzig
glutinósus	klebrig
glyptostroboides	Glyptostrobus-ähnlich
gongylódes	rübenähnlich
gracílipes	schlankstielig
grácilis, grácile	schlank

gramíneus	grasartig	hispánicus	spanisch
graminifólius	grasblättrig	híspidus	steifhaarig
granadénsis,		hispídulus	kurzsteifhaarig
granadénse	Granada-	hollándicus	holländisch
granátus	körnig	holósteus	knochenfarben
grándiceps	großköpfig	homólepis	einheitlich
grandiflórus	großblütig		beschuppt
grandifólius	großblättrig	horizontális,	
grándis, gránde	groß	horizontále	waagerecht
granulósus	körnig	horizonthalónius	mit waager.
gratianopoli-			Stachelringen
tánus	Grenoble-	hórminum	antiker Name
gravéolens	starkduftend	hórridus	abschreckend
gríseus	grau	horténsis,	
gruínus	reiherschnabel-	horténse	Gärtner-
	artig	hortórum	Garten-
guinaeensis	Guinea-	hortulánus	Garten-
guttátus	betropft	humifúsus	niederliegend
haematódes	blutähnlich	húmilis	niedrig
halepénsis,		hungáricus	ungarisch
halepénse	Aleppo-	hupehénsis	Hupeh-
halodéndron	Salzbaum	hýbridus	Bastard-
hastifólius	spießblättrig	hypericifólius	johanniskraut-
hederáceus	efeuartig		blättrig
hederifólius	efeublättrig	hypogáeus	unterirdisch
helénium	antiker Name	hypoglóssus	unter der Zunge
helianthoídes	sonnenblumen-	hypophyllus	unter dem Blatt
	ähnlich	ibericus	iberisch
helioscópius	sonnenwendig	idáeus	Idagebirge-
hélix	windend	ígneus	feuerrot
helvéticus	Schweizer-	ilicifólius	stechpalmen-
herbáceus	krautig		blättrig
heterophýllus	verschieden-	imbricátus	dachziegelig
	blättrig	immérsus	untergetaucht
hexapétalus	mit 6 Kron-	impedítus	schwer
	blättern		zugänglich
hiemális, hiemále	Winter-	imperiális,	
hierochúntica	Jerichorose	imperiále	kaiserlich
hieroglýplicus	schriftartig	incanus	aschgrau
hippocástanum	Roßkastanie	incarnátus	fleischfarben
hippuroídes	Hippuris-ähnlich	incísus	eingeschnitten
hirsútus	rauhhaarig	incomparábilis,	
hirtéllus	kurzborstig	incomparábile	unvergleichlich
hírtus	borstig	índicus	indisch

indivísus	ungeteilt	laevigátus	glatt
inérmis, inérme	unbewehrt	laetiflórus	freudig blühend
inflátus	aufgeblasen	lagenárius	flaschenartig
infundibulifórmis,		lagodechiánus	Lagodechi-
infundibulifórme	trichterförmig	lanátus	wollig
íngens	riesig	lanc(e)ifólius	mit lanzettlichen
inodórus	geruchlos		Blättern
ionánthus	veilchenblütig	lanceolátus	lanzettlich
insígnis, insígne	ausgezeichnet	lantána	antiker Name
insitítius	eingeführt	lanuginósus	wollig
integérrimus	völlig ganzrandig	lapathifólius	ampferblättrig
integrifólius	mit ungeteilten	láppa	Klette
	Blättern	laricínus	lärchenartig
intermédius	mittlerer	lasiocárpus	mit behaarten
intricátus	verworren		Früchten
íntybus	in Röhren	láthyris	Wolfsmilch
involucrátus	von Hüllblättern	latifólius	breitblättrig
	umgeben	laurifólius	lorbeerblättrig
isophýllus	gleichblättrig	laurocérasus	Lorbeerkirsche
itálicus	italienisch	láxus	schlaff
jabúran	japan. Name	lentíscus	klebrig
jálapa	Xalapa-	léntus	zäh
japónicus	japanisch	lepidophýllus	mit Schuppen-
jasminoídes	jasminähnlich		blättern
javánicus	Java-	leptólepis	dünnschuppig
jubátus	mähnenartig	leucánthemus	weißblütig
julibríssin	Flockseiden-	leucodérmis,	
júnceus	binsenartig	leucodérme	weißrindig
káki	jap. Name	leuconeúrus	weißnervig
karataviénsis,		leucótrichus	weißhaarig
karataviénse	Karatau-	líbani	Libanon-
kermesínus	karmesinrot	liliágo	lilienartig
kewénsis,		límon	Zitrone
kewénse	Kew-	linariifólius	leinkrautblättrig
kóbus	jap. Name	lingulátus	zungenförmig
koreánus	koreanisch	linifólius	leinblättrig
labiátus	lippig	linósyris	zusammengesetz-
laciniátus	geschlitzt		ter Name
lácryma-jobí	Hiobsträne	lobátus	gelappt
lactiflórus	milchweiß-	locústa	Grashüpfer(?)
	blühend	lonchítis, lonchíte	spießähnlich
lacústris	Teich-	longiflórus	langblütig
ládanum	wohlriechendes	longifolius	langblättrig
	Harz	longimámmus	langwarzig

longiscápus	langschäftig	mas	männlich
lophánthus	büschelblütig	matricarioídes	Matricaria-
lótus	antiker Name		ähnlich
lúcidus	leuchtend	matronális,	
lupulínus	kleiner Hopfen	matronále	mütterlich
lúpulus	Hopfen	máximus	sehr groß
lutéolus	gelblich	máys	amerik. Name
lutéscens	gelblich	médicus	medisch, heilsam
lúteus	gelb	mediterráneus	mittelländisch
lychnítis	antiker Name	médius	mittlerer
lycopérsicum	antiker Name	medulláris,	
lycopodioídes	bärlappähnlich	medulláre	markig
lýdius	lydisch	medullósus	markig
lyrátus	leierförmig	medúsae	Medusa-
macránthus	großblütig	megapotámicus	Rio Grande-
macrocárpus	großfrüchtig	melanochrýsus	schwarzgolden
macrocéphalus	großköpfig	meléagris,	perlhuhnartig
macroglóssus	großzüngig	meléagre	perlhuhnartig
macrophýllus	großblättrig	mélo	ge..
macrosíphon	großröhrig	melóngena	Melone
maculátus	gefleckt	matállicus	Eierfrucht
maculósus	stark gefleckt	mexicánus	metallisch
madegascariénsis,		mezéreum	mexikanisch
madegascariénse	Madagaskar-	micránthus	pers. Name
maderénsis,		microcárpus	kleinblütig
maderénse	Madera-	microcéphalus	kleinfrüchtig
magellánicus	patagonisch	micródasys	kleinköpfig
magníficus	prächtig		mit kleinen
magnimámmus	großwarzig	microphýllus	Borsten
mahagóni	südamer. Name	micanioídes	kleinblättrig
máhaleb	arab. Name	miliáceus	Mikania-ähnlich
majális	im Mai blühend	millefólius	hirseartig
májor, május	größer	mimosifólius	tausendblättrig
majorána	arab. Name	miniátus	mimosenblättrig
malacoídes	malvenähnlich	mínimus	mennigfarben
manicátus	manschettenartig	mínor, mínus	sehr klein
margaritáceus	perlenartig	minúsculus	kleiner
margarítifer,		mirábilis,	ziemlich klein
margaritífera,		mirábile	
margaritíferum	perlentragend	missouriénsis,	wunderbar
marginátus	gerändert	missouriénse	Missouri-
marítimus	Meeres-	mítis, míte	mild
marmorátus	marmoriert	móllis, mólle	weich
mártagon	Turban	mollúgo	weich

móly	griech. Name
monógynus	eingriffelig
monspessulánus	Montpellier-
monostáchyus	einährig
monstrósus	mißgestaltet
montánus	Berg-
mórsus-ránae	Froschbiß
moschátus	Moschus-
moschéutos	antiker Name
mucronátus	mit einer Spitze
múghus	antiker Name
múgo	antiker Name
multicaúlis,	
multicaúle	vielstengelig
multifidus	vielteilig
multiflórus	vielblütig
multíjugus	vieljochig
múltiplex	vielfach
murális, murále	Mauer-
murínus	Mauer-
musáicus	mosaikförmig
muscípula	Fliegenfalle
muscósus	moosartig
mutábilis,	
mutábile	veränderlich
mycóni	antiker Name
myriostígma	vielnarbig
myosotidiflórus	Myosotis-blütig
myrísticus	zum Salben geeignet
myrobálanus	Gewürzeichel
myrsinifólius	mit Blättern wie Myrsine
myrsinítes	nach Myrte riechend
myrtíllus	kleine Myrte
nánus	zwergig
napéllus	kleine Rübe
napobrássica	Rapskohl
nápus	Rübe
narbonénsis,	
narbonénse	Narbonne-
narcissiflórus	narzissenblütig

nastúrtium-aquáticum	Brunnenkresse
nátans	schwimmend
naviculáris,	
naviculáre	kahnförmig
neapolitánus	Neapel-
nebulósus	rauchartig
negléctus	vernachlässigt
negúndo	ind. Name
nemorális,	
nemorále	Hain-
nemorénsis,	
nemorénse	Hain-
nemorósus	Hain-
nepalénsis,	
nepalénse	Nepal-
nervósus	nervig
nicaeénsis,	
nicaeénse	Nizza-
nidus	Nest
níger, nígra,	
nígrum	schwarz
nigréscens	schwärzlich
nígricans	schwärzlich
nikoénsis,	
nikoénse	Nikko-
nil	blau
nippónicus	Nippon-
nítens	glänzend
nítidus	glänzend
nivális, nivále	glänzend
níveus	schneeweiß
nóbilis, nóbile	vornehm
noctiflórus	nachts blühend
nodósus	knotig
nóli-tángere	nicht berühren
nootkaténsis	Notka-
nóvae-ángliae	Neuengland-
nóvae-zelándiae	Neuseeland-
nóvi-bélgii	Neubelgien-
núcifer, nucifera,	
nucíferum	nußtragend
nudicaúlis,	
nudicaúle	nacktstengelig

nudiflórus	nacktblütig	oxyacánthus	spitzdornig
nummulárius	münzenartig	oxycóccus	scharfbeerig
nútans	überhängend	oxygónus	spitzkantig
nux-vómica	Brechnuß	pachyphýllus	dickblättrig
obcónicus	verkehrt	pachýpodus	dickstielig
	kegelförmig	pádus	griech. Name
oblíquus	schief	palléscens	bleichwerdend
oblóngus	länglich	pállidus	bleich
obovátus	verkehrt eiförmig	palmátus	handförmig
obtusifólius	stumpfblättrig	palúster,	
obtúsus	stumpf	palústris, palústre	Sumpf-
occidentális,		pandurátus	geigenförmig
occidentále	abendländisch	paniculátus	rispig
ocimoídes	Ocium-ähnlich	pannónicus	ungarisch
octopétalus	achtkronblättrig	papáya	malaysischer
odorátus	wohlriechend		Name
odoratíssimus	sehr	papílio	Schmetterling
	wohlriechend	papýrifer,	
officinális,		papyrífera,	
officinále	Arznei-	papyríferum	papierliefernd
oleánder	Ölbaumrose	papýrus	Papier
oleifórmis,		paradísi	Paradies-
oleifórme	olivenförmig	paradisíacus	Paradies-
oleráceus	gemüseartig	paraguariénsis,	
olitórius	Gemüsegarten-	paraguariénse	Paraguay-
olýmpicus	Olymp-	pardalínus	pantherartig
omórika	serb. Name		gefleckt
oppositifólius	mit gegenständi-	parthenioídes	Parthenium-
	gen Blättern		ähnlich
opulifólius	schneeball-	parthénium	für Frauenleiden
	blättrig	parviflórus	kleinblütig
ópulus	antiker Name	parvifólius	kleinblättrig
orbiculátus	kreisförmig	patiéntia	Geduld
orientális,		pátulus	ausgebreitet
orientále	orientalisch	pauciflórus	wenigblütig
orióphilus	bergliebend	pávia	Roßkastanie
ornátus	geschmückt	pectinátus	kammartig
órnus	antiker Name	pedátus	fußförmig
ottawénsis,		pedicellátus	mit gestielten
ottawénse	Ottawa		Blüten
ovalifólius	mit eiförmigen	pedunculátus	mit gestieltem
	Blättern		Blütenstand
ovátus	eirund	pekinénsis,	
ovinus	Schaf-	pekinénse	Peking-

pelegrínus	fremd	plénus	voll, gefüllt
peltátus	schildförmig	plicátus	gefaltet
péndulus	hängend	plumárius	federartig
pennátus	gefiedert	plumósus	federig
pen(n)sylvánicus	Pennsylvania-	pluviális, pluviále	Regen-
pentándrus	mit 5 Staub-	podagrárius	Podagra-
	blättern	podophýllus	mit gestielten
pentaphýllus	fünfblättrig		Blättern
pépo	Kürbis	poetárum	Dichter-
péplus	röm. Name	poéticus	dichterisch
perénnis, perénne	ausdauernd	polifólius	poleiblättrig
peregrínus	fremd	polítus	glänzend
perfoliátus	durchwachsen-	polyánthus	vielblütig
	blättrig	polycárpus	vielfruchtig
perforátus	durchlöchert	polystáchyus	vielährig
periclýmenus	herumrankend	ponderósus	gewichtig
persicárius	pfirsichartig	pónticus	Schwarzmeer-
persicifólius	pfirsichblättrig	pórrum	Lauch
pérsicus	persisch	porrifólius	lauchblättrig
persolútus	sehr locker	praécox	frühzeitig
peruviánus	Peru-	praénitens	starkglänzend
petráēus	felsenbewohnend	praéstans	vortrefflich
petiolátus	mit gestielten	praténsis,	
	Blättern	praténse	Wiesen-
péūce	Fichte	primulínus	primelartig
phalaenópsis	nachtfalterartig	prínceps	fürstlich
phoeníceus	purpurn	procérus	schlank
phyllostáchyus	mit beblätterten	procúmbens	niederliegend
	Ähren	procúrrens	mit Ausläufern
physalódes	Physalis-ähnlich	prostrátus	niederliegend
píctus	gezeichnet	pruinósus	bereift
pileátus	behütet	prunifólius	pflaumenblättrig
piloséllus	behaart	pseudacácia	falsche Akazie
píneus	Pinus-artig	pseudácorus	falscher Kalmus
pinnatífidus	fiederspaltig	pseudonarcíssus	falsche Narzisse
pinnátus	gefiedert	pseudoplátanus	falsche Platane
pinsápo	span. Name	psittácinus	papageienfarbig
piperítus	pfefferartig	psittacórum	Papageien-
písifer, pisífera,		ptármicus	Niesen erzeugend
pisíferum	erbsentragend	pteránthus	Blüten geflügelt
plánipes	flachstielig	pteracánthus	stachelflügelig
planifólius	flachblättrig	pubéscens	behaart
platanoídes	platanenähnlich	pudícus	schamhaft
platyphýllus	breitblättrig	pulchéllus	niedlich

púlcher, púlchra,		repándus	gekrümmt
pulchrum	schön	répens	kriechend
pulchérrimus	sehr schön	réptans	kriechend
pumílio	Zwerg	reticulátus	netzartig
púmilus	niedrig	retinódes	harzartig
punctátus	punktiert	retrofráctus	abwärts geknickt
púngens	stechend	retúsus	abgestumpft
puníceus	granatrot	revolútus	zurückgerollt
purpuráscens	purpurn werdend	rex	König
purpúreus	purpurrot	rhabárbarum	Barbarenwurzel
pusíllus	winzig	rhamnoídes	Rhamnus-
pygmáeus	zwergartig		ähnlich
pyramidális,		rhizophýllus	wurzelblättrig
pyramidále	pyramidenförmig	rhodánthus	rosenblütig
quadranguláris,		rhóeas	antiker Name
quadranguláre	vierkantig	rhombifólius	rautenblättrig
quadriauritus	vierohrig	rhytidophýllus	runzelblättrig
quámash	indian. Name	rigens	steif
quamoclit	mexik. Name	rígidus	steif
quercifólius	eichenblättrig	ríngens	rachenförmig
quinátus	fünfzählig	ripárius	Ufer-
quinquefólius	fünfblättrig	rítro	südeur. Name
racemósus	traubig	rivális, rivále	Bach-
rádens	kratzend	rivuláris, rivuláre	Bach-
radícans	wurzelbildend	róbur	Kernholz
rádulus	raspelförmig	robústus	stark
rájah	König	rósa-sinénsis	chinesische Rose
ramosíssimus	sehr ästig	róseus	rosenrot
ramósus	ästig	rostrátus	geschnäbelt
ranunculoídes	hahnenfußartig	rotundifólius	rundblättrig
rápa	Rübe	rúbens	rot
rapáceus	rübenartig	ruber, rubra,	
raphanístrum	rettichartig	rúbrum	rot
ravénnae	Ravenna-	rubicúndus	kräftig rot
recurvátus	zurückgekrümmt	rubiginósus	braunrot
redivívus	ausdauernd	rubrifólius	rotblättrig
refléxus	zurückgebogen	rugósus	stark runzelig
refráctus	geknickt		mit fuchsroten
regális, regále	königlich		
regínae	Königin-	rufinérvis,	
régius	königlich	rufinérve	mit fuchsroten
religiósus	heilig		Nerven
renifórmis,		rupéster,	
renifórme	nierenförmig	rupéstus, rupéstre	Felsen-
		rubícola	Felsbewohner

rusticánus	vom Lande	scirpoídes	Scirpus-ähnlich
rústicus	ländlich	scólymus	Artischocke
rúta-murária	Mauerraute	scopárius	Besen-
ruthénicus	ruthenisch	scorpioídes	skorpionähnlich
sabáudus	Savoyer-	scutátus	Schild-
sabína	lat. Name	secalínus	roggenartig
saccharátus	zuckerig	sedifólius	Blätter wie
sacchárifer,			Sedum
saccharífera,	Zucker liefernd	ségetum	Saat-
sacchariferum		selloviánus	von Sellos
saccharínus	zuckerig	semperflórens	immerblühend
sáccharum	Zucker-	sempervirens	immergrün
sachalinénsis,		senílis, seníle	greisenartig
sachalinénse	Sachalin-	sépium	Zaun-
sagittális,		septémfidus	siebenteilig
sagittále	pfeilförmig	sérbicus	serbisch
sagittifólius	pfeilblättrig	seríceus	seidig
salicárius	Weiden-	serótinus	spät
salicifólius	weidenblättrig	serpýllum	lat. Name
salicínus	weidenartig	serratipétalus	gesägt
salmóneus	lachsfarben		kronblättrig
sambucifólius	holunderblättrig	serrátus	gesägt
sambucínus	holunderartig	serrulátus	fein gesägt
sámius	Samos-	sessiliflórus	mit sitzenden
sanguíneus	blutrot		Blüten
sapiéntum	der Weisen	sessilifólius	mit sitzenden
sardénsis,			Blättern
sardénse	Sardes-	séssilis, séssile	sitzend
sarmentósus	schößlings-	setáceus	borstig
	bildend	setósus	borstig
sarniénsis,		setíferus	borstentragend
sarniénse	Guernsey-	sexanguláris,	
satívus	angepflanzt	sexanguláre	sechskantig
saxátilis, saxátile	Felsen-	sibíricus	sibirisch
saxífraga	Steinbrech	siliquástrum	Schoten-
scáber, scábra,		siliquósus	schotenartig
scábrum	rauh	símplex	einfach
scabérrimus	sehr rauh	sinénsis, sinénse	chinesisch
scándens	kletternd	sinuátus	gebuchtet
schizánthus	spaltblütig	sípho	Röhre
schizopétalus	geschlitzt	sitchénsis,	
	kronblättrig	sitchénse	Sitka-
schoenóprasum	Schnittlauch	socotránus	Sokotra-
scilloídes	Scilla-artig	sója	chin. Name

sólidus	fest	striátus	gestreift
sómnifer,		stríctus	straff
somnífera,		stróbus	Zapfen
somníferum	einschläfernd	strumósus	mit Kropf
sorbifólius	ebereschen-	struthiópteris	Straußenfarn
	blättrig	stylósus	langgriffelig
sparsifólius	lockerblättrig	styracífluus	Storax liefernd
spatháceus	mit Blütenscheide	suavéolens	wohlriechend
spathulifólius	spatelblättrig	súber	Kork
speciósus	prächtig	suberósus	korkartig
spectábilis,		subhirtéllus	etwas zottig
spectábile	ansehnlich	subulátus	pfriemlich
spelúncae	Höhlen-	suécicus	schwedisch
sphaerócephalus	kugelköpfig	suffruticósus	halbstrauchig
sphondýlium	antiker Name	sulphúreus	schwefelgelb
spícant	volkstümlicher	supérbus	stolz
	Name	supínus	ausgebreitet
spicátus	ährig	surculósus	mit kleinen
spíca-vénti	Windähre		Zwiebeln
spinosíssimus	sehr dornig		hängend
spinósus	dornig	suspénsus	
spirális, spiróle	spiralig	sycomórus	Maulbeerfeige
spléndens	glänzend	sylváticus	Wald-
spúrius	falsch	sylvéster,	
squálidus	schmutzig	sylvéstris,	Wald-
squamátus	schuppig	sylvéstre	
squámifer,		syríacus	syrisch
squamífera,		tabácum	indian. Name
squamíferum	schuppentragend	tábernae-	
squamósus	starkschuppig	montáni	aus Bergzabern
squarrósus	sperrig	tabulifórmis,	
stagnális	in Teichen	tabulifórme	tafelförmig
stellátus	sternförmig	tamariscifólius	tamarisken-
stemárius	kranzartig		blättrig
stenocéphalus	schmalköpfig	tanacetifólius	mit Blättern wie
stenophýllus	schmalblättrig		Tanacetum
stérilis, stérile	unfruchtbar	tárdus	spät
stipulátus	gestielt	tatáricus	tatarisch
stŏechas	antiker Name	tazétta	kleine Tasse
stolónifer,		tectórum	Dach-
stolonífera,		teléphium	antiker Name
stoloníferum	ausläuterbildend	telmateius	Sumpf-
stramónium	Stechapfel	temuléntus	betäubend
stratiótes	Soldat	ténax	zäh

tenéllus	sehr zart	trichophýllus	behaartblättrig
téner, ténera,		trichótomus	dreigabelig
ténerum	zart	trícolor	dreifarbig
ténuis	dünn	tricuspidátus	dreispitzig
terminális,		trifasciátus	dreibänderig
terminále	endständig	trífidus	dreispaltig
ternátus	dreizählig	trifoliátus	dreiblättrig
testúdo	Schildkröte	trifurcátus	dreigabelig
tetragónus	vierkantig	trilobátus	dreilappig
tétrahit	vierseitig	triméstris,	
tetrálix	vierfach	triméstre	dreimonatig
	gewunden	triónum	Dreistunden-
tetrándrus	mit 4 Staub-		blume
	blättern	tripartítus	dreiteilig
tetraspérmus	viersamig	tripétalus	dreikronblättrig
thalictroídes	Thalictrum-	triphýllus	dreiblättrig
	ähnlich	triplinérvis,	
thapsifórmis,		triplinérve	dreinervig
thapsifórme	Thapsus-ähnlich	trístis, tríste	traurig
thápsus	antiker Name	truncátus	gestutzt
thuringíacus	thüringisch	tuberósus	knollig
thyoídes	Thuja-ähnlich	tubiflórus	röhrenblütig
thyrsoídes	straußähnlich	tulípifer,	
thyrsiflórus	straußblütig	tulipífera,	
tigrínus	tigerartig	tulipíferum	tulpentragend
tínus	antiker Name	tunicátus	häutig
tinctórius	Färber-	túrgidus	geschwollen
titánus	Riesen-	týphinus	Typha-artig
tithymaloídes	wolfsmilch-	uliginósus	Sumpf-
	ähnlich	ulmárius	ulmenartig
tangúticus	tangutisch	umbellátus	doldig
tobíra	jap. Name	umbéllifer,	
tomentósus	filzig	umbellífera,	
torminális,		umbellíferum	doldentragend
terminále	gegen Bauch-	umbellifórmis,	
	schmerzen	umbellifórme	doldenförmig
tortúosus	gewunden	umbracúlifer,	
toxicodéndron	Giftbaum	umbraculífera,	
trachyphýllus	rauhblättrig	umbraculíferum	schirmtragend
trémulus	zitternd	umbrósus	schattenliebend
triacánthus	dreistachelig	uncinátus	hakenförmig
trianguláris,		undátus	wellig
trianguláre	dreikantig	undulátus	wellig
trichómanes	Pflanzenname	unédo	antiker Name

unguiculátus	genagelt	vínifer, vinífera,	
uniflórus	einblütig	viniferum	weintragend
uplándicus	Upland-	violáceus	violett
urbánus	städtisch	virgátus	rutenförmig
úrens	brennend	virgáurea	Goldrute
ursínus	Bären-	virginális,	
usneóides	bartflechten-	virginále	jungfräulich
	ähnlich	virginiánus	Virginia-
útilis, útile	nützlich	víridis, víride	grün
úva-críspa	krause Traube	viridíssimus	tiefgrün
uvárius	traubig	virósus	giftig
úva-ursi	Bärentraube	viscárius	klebrig
vágans	wandernd	viscósus	klebrig
vaginátus	mit Scheiden	vitáceus	rebenartig
válidus	kräftig	vitálba	Weißweinrebe
variábilis,		viticélla	kleine Rebe
variábile	veränderlich	vítis-idáea	Rebe vom
variegátus	bunt		Berg Ida
végetus	lebendig	vittátus	gebändert
velutínus	samtartig	vivíparus	lebend gebärend
venósus	geadert	volúbilis, volúbile	windend
venústus	anmutig	vulgáris, vulgáre	gewöhnlich
vernális, vernále	Frühlings-	vulnerárius	wundenheilend
verrucósus	warzig	vulpínus	fuchsartig
verruculósus	kleinwarzig	xanthocárpus	gelbfrüchtig
versícolor	verschiedenfarbig	xiphioídes	schwertähnlich
verticillátus	quirlblättrig	xíphium	Schwert-
vérus	echt	xylósteum	mit knochen-
vexillárius	fahnenartig		hartem Holz
villósus	zottig	zebrínus	mit Zebrastreifen
viminális,		zeylánicus	Ceylon-
viminále	rutenförmig	zingiberínus	Ingwer-
vineális, vineále	Wein-	zonális, zonále	gürtelartig
		zonátus	gürtelartig

Deutsch-botanisches Namenverzeichnis

In dem nachfolgenden Verzeichnis sind aus Gründen der Platzersparnis die deutschen Gattungsnamen für eine botanische Gattung aufgeführt, nicht deren Arten, z. B. Weide = *Sálix;* es sind also alle Weidenarten (Dotterweide, Hänge-weide, Kätzchenweide, Korbweide, Silberweide, Weißweide) unter Weide = *Sálix* zu finden.

Wenn botanische Gattungsnamen als deutsche Gattungsnamen gebräuch-lich wurden, z. B. Bougainvillea = *Bougainvíllea* ⊖, Pachysandra = *Pachysándra* ⌀, Anemone = *Anemóne* ⑅ ⌀, sind diese Namen aufgeführt, um dem Leser sofort anzugeben, in welcher Pflanzengruppe der gesuchte Pflanzenname zu finden ist.

Nicht verschwiegen werden darf die Unsicherheit, die sich bei der Benutzung deutscher Pflanzennamen ergibt. Sie sind nicht einheitlich, mitunter wortge-treue Übersetzungen, recht häufig ohne praktischen Wert und gar nicht so sel-ten irreführend. Was aber gekonnt bei Farnpflanzen Prof. Maatsch an deutschen Namen entwickelt hat, bedarf einer konsequenten Fortführung. Bei der Vielfalt der Gesamtheit aller Kulturpflanzen wird das eine schwierige, langwierige Arbeit sein.

Es bedeuten:

⊙	Einjährige Pflanzen	⑅	Nadelgehölze
⊙	Zweijährige Pflanzen	○	Obst und Südfrüchte
⑅	Freilandstauden	⌀	Gemüse
⌀	Zwiebel- und Knollengewächse	⑅	Gewürz- und Küchenkräuter
⊖	Topfpflanzen	U	Ein- und zweijährige Unkräuter
⁓	Wasserpflanzen	⑭	Ausdauernde Unkräuter
⌀	Laubgehölze	⑅	Grasarten

Abronie	*Abrónia* ⊙
Abutilon	*Abutilon* ⌂
Acalyphe	*Acalýpha* ⌂
Achimenes	*Achímenes* ⌂
Acidanthere	*Acidanthéra* △
Ackergauchheil	*Anagállis* ∪
Acker-Meier	*Aspérula* ∪
Ackerkamille	*Anthemis* ∪
Ackersalat	*Valerianélla* ⊘
Ackerschachtel-halm	*Equisétum* ⊕
Ackersenf	*Sinápis* ∪
Ackersteinsame	*Lithospérmum* ∪
Ackertäschel-kraut	*Thláspi* ∪
Ackerwinde	*Convólvulus* ⊕
Adiantum	*Adiántum* ⌂
Adlerfarn	*Pterídium* ♃
Adonisröschen	*Adónis* ⊙ ♃
Adventsstern	*Euphórbia* ⌂
Aechmea	*Achéméa* ⌂
Aeschynanthus	*Aeschynánthus* ⌂
Affodil	*Asphódelus* ♃
Agapanthus	*Agapánthus* ⌂
Agave	*Agáve* ⌂
Ageratum	*Agératum* ⊙
Aglaonema	*Aglaonéma* ⌂
Ahlbeere	*Ribes* ○
Ahorn	*Acer* ⌂ ♥
Akanthus	*Acánthus* ♃ ⌂
Akazie	*Acácia* ⌂
„Akazie"	*Robínia* ♥
Akebie	*Akébia* ♥
Akelei	*Aquilégia* ♃
Alant	*Inula* ♃
Allamande	*Allamánda* ⌂
Almenrausch	*Rhododéndron* ♥
Aloë	*Aloe* ⌂
Alokasie	*Alocásia* ⌂
Alonsoe	*Alonsóa* ⊙
Alpenaster	*Aster* ♃
Alpenbalsam	*Erínus* ♃
Alpenglöckchen	*Soldanélla* ♃
Alpenjohannis-beere	*Ribes* ♥
Alpenrose	*Rhododéndron* ♥
Alpenveilchen	*Cýclamen* ♃ ○ ⌂
Alsophile	*Alsóphila* ⌂
Alternanthere	*Alternanthéra* ♃ ⌂
„Amaryllis"	*Hippeástrum* ⌂
Amberbaum	*Liquidámbar* ♥
Amorphophallus	*Amorphophállus* ⌂
Ampfer	*Rúmex* ⊘ ⊕
Amstelraute	*Thalíctrum* ♃
Ananas	*Ananas* ⌂ ○
Anemone	*Anemóne* ♃ △
Angelika	*Angélica* ⚥
Angraecum	*Angraēcum* ⌂
Anis	*Pimpinélla* ⚥
Anthurium	*Anthúrium* ⌂
Apfelbaum	*Málus* ♥ ○
Apfelsine	*Citrus* ○
Aphelandra	*Aphelándra* ⌂
Aprikose	*Prúnus* ○
Aralie	*Arália* ♥
Aralie	*Dizygothéca* ⌂
Araukarie	*Araucária* ⌂ ♠
Ardisie	*Ardídsia* ⌂
Aronstab	*Arum* △
Artemisia	*Artemísia* ⊙ ⊕
Artischocke	*Cýnara* ⊘
Arundinaria	*Arundinária* ♥
Arve	*Pínus* ♠
Aspe	*Pópulus* ♥
Asselkaktus	*Pelecýphora* ⌂
Aster	*Aster* ♃
Astilbe	*Astílbe* ♃
Atlasblume	*Godétia* ⊙
Aubergine	*Solánum* ⊘
Aubrietie	*Aubriéta* ♃
Auferstehungs-pflanze	*Selaginélla* ⌂
Aukube	*Aucúba* ⌂
Aurikel	*Prímula* ♃
Australheide	*Epácris* ⌂
Avocadobirne	*Pérsa* ○
„Azalea mollis"	*Rhododéndron* ♥

"Azelea pontica" *Rhododéndron* ∅
Azalee *Rhododéndron* ♂
Azolle *Azólla* ≈

Bärenklau *Heracléum* ♃
Bärenohr *Arctótis* ☉
Bärentraube *Arctostáphylos* ∅
Ballonblume *Platycódon* ♃
Balsamine *Impátiens* ☉
Bambus *Sása* ∅
Banane *Enséte* ♂
Banane *Músa* ♂ ○
Banyanbaum *Ficus* ♂
Bartnelke *Diánthus* ☉
Bärenfell-
  schwingel *Festúca* ♃
Basilienkraut *Ocimum* ♀
Basilikum *Ocimum* ♀
Bastardindigo *Amórpha* ∅
Bastpalme *Ráphia* ♂
Bauernsenf *Ibéris* ∪
Baumhasel *Córylus* ∅
Baumheide *Eríca* ∅
Baumwürger *Celástrus* ∅
Becherprimel *Prímula* ♂
Begonie *Begónia* ☉ ◇ ♂
Beifuß *Artemísia* ♀ ⚇
Belladonnalilie *Amarýllis* ♂
Beloperone *Belopérone* ♂
Benediktenkraut *Cnícus* ♀
Berberitze *Bérberis* ∅
Bergaralie *Oreópanax* ♂
Bergcereus *Oreocéreus* ♂
Bergenie *Bergénia* ♃
Berglorbeer *Kálmia* ∅
Bergpalme *Chamaedórea* ♂
Bergwundklee *Anthýllis* ♃
Bertolonia *Bertolónia* ♂
Berufkraut *Conýza* ♃ ∪
Besenginster *Cýtisus* ∅
Besenkraut *Kóchia* ⊙
Bete *Béta* ⟋
Betelnußpalme *Aréa* ♂
Betel-Pfeffer *Piper* ♂

Bibernelle *Pimpinélla* ♀
Bignonie *Bignónia* ∅
Billbergie *Billbérgia* ♂
Bilsenkraut *Hyoscýamus* ∪
Bingelkraut *Mercuriális* ∪
Binse *Júncus* ⚇
Birke *Bétula* ∅
Birnbaum *Pýrus* ○
Bischofsmütze *Astróphytum* ♂
Bitterklee *Menyánthes* ≈
Bitternuß *Cárya* ∅
Bitterorange *Cítrus* ○
Blasenbaum *Koelreutéria* ∅
Blasenfarn *Cystópteris* ♃
Blasenspiere *Physocárpus* ∅
Blasenstrauch *Colútea* ∅
Blattkaktus *Nopalxóchia* ♂
Blaubeere *Vaccínium* ○
Blaudolde *Didíscus* ☉
Blaues Lieschen *Éxacum* ♂
Blaugras *Sesléria* ♃
Blaugummi-
  baum *Eucalýptus* ♂
Blauheide *Phyllódoce* ∅
Blaukissen *Aubriéta* ♃
Blaustern *Scílla* ◇
Blaustrahlhafer *Helictótrichon* ♃
Blechnum *Bléchnum* ♃ ♂
Bleiwurz *Plumbágo* ♂
Blumenbinse *Bútomus* ≈
Blumenrohr *Cánna* ◇
Blutblume *Haemánthus* ♂
Bluthirse *Digitária* ∪
Bocksbart *Tragopógon* ⟋
Bocksdorn *Lýcium* ∅
Bogenhanf *Sansaviéria* ♂
Bohne *Phaséolus* ☉ ⟋
Bohnenkraut *Satureja* ♀
Boretsch *Borágo* ♀
Borstenhirse *Setária* ∪
Bougainvillea *Bougainvillea* ♂
Bouvardie *Bouvárdia* ♂
Brachycome *Brachýcome* ☉
Brandkraut *Phlómis* ♃

Brassavola	*Brassávola* ♄	Christusdorn	*Euphórbia* ♄
Brennende		Chrysantheme	*Chrysánthe-*
Liebe	*Lýchnis* ♃		*mum* ♃ ♄
Brennessel	*Úrtica* ∪ ⚇	Cibotium	*Cibótium* ♄
Brennpalme	*Caryóta* ♄	Cinerarie	*Senécio* ♄
Brodiäe	*Brodiāéá* ♁	Clarkie	*Clárkia* ⊙
Brokkoli	*Brássica* ⚹	Cleome	*Cleóme* ⊙
Brommbeere	*Rúbus* ○	Clerodendrum	*Clerodéndrum* ♨ ♄
Brotpalmfarn	*Encephalártos* ♄	Cleyera	*Ceȳera* ♄
Browallie	*Browállia* ♄	Clivie	*Clívia* ♄
Brunfelsie	*Brunfélsia* ♄	Cobäe	*Cobāéa* ⊙
Brunnenkresse	*Nastúrtium* ⚥	Coccoloba	*Coccóloba* ♄
Brutblatt	*Kalánchoe* ♄	Coelogyne	*Coelógyne* ♄
Bubiköpfchen	*Soleírólia* ♄	Coleus	*Cóleus* ♄
Buche	*Fágus* ♨	Collinsie	*Collínsia* ⊙
Buchsbaum	*Búxus* ♨	Collomie	*Collómia* ⊙
Buddleia	*Buddléja* ♨	Colocasie	*Colocásia* ♄
Bulbenblasen-		Columnee	*Colúmnea* ♄
farn	*Cystópteris* ♃	Cordyline	*Cordýline* ♄
Buschklee	*Lespedéza* ♨	Corynocarpus	*Corynocárpus* ♄
Buschwind-		Cotyledon	*Cotylédon* ♄
röschen	*Anemóne* ♃	Crossandre	*Crossándra* ♄
		„Croton"	*Codiāéum* ♄
Cabomba	*Cabómba* ≈	Cryptanthe	*Cryptánthus* ♄
Calandrine	*Calandrínia* ⊙	Cryptocoryne	*Cryptocóryne* ≈
Calanthe	*Calánthe* ♄	Ctenanthe	*Ctenánthe* ♄
Calathea	*Caláthea* ♄	Cucurligo	*Cucúrligo* ♄
Callisie	*Callísia* ♄	Cyanotis	*Cyanótis* ♄
Camassie	*Camássia* ♁	Cycas	*Cýcas* ♄
Cardy	*Cýnara* ⚹	Cymbidium	*Cymbídium* ♄
Carludowike	*Carludovíca* ♄	Cypergras	*Cýperus* ≈
Carnegiea	*Carnegiea* ♄	Cyrtanthus	*Cyrtánthus* ♄
Cattleya	*Cattlēya* ♄	Cyrtomium	*Cyrtómium* ♄
Celosie	*Celósia* ⊙		
Ceratostigma	*Cerastostígma* ♃	Dachtrespe	*Brómus* ∪
Ceratozamie	*Ceratozámia* ♄	Dahlie	*Dáhlia* ♁
Champignon	*Psallióta* ⚹	Dattelpalme	*Phoēnix* ♄ ○
Chelone	*Chelóne* ♃	Dattelpflaume	*Diospýros* ○
Chicoree	*Cichórium* ⚹	Daun	*Galeópsis* ∪
China- (Peking-)		Davallie	*Davállia* ♄
kohl	*Brássica* ⚹	Decaisnea	*Decāísnea* ♨
Chlorophytum	*Chloróphytum* ♄	Dendrobium	*Dendróbium* ♄
Christophskraut	*Actāéá* ♃	Deutzie	*Deūtzia* ♨
Christrose	*Helléborus* ♃	Dichorisandre	*Dichorisándra* ♄

Dickblatt	*Crássula* ♂	Elfenblume	*Epimédium* ⒉
Dicke Bohne	*Vicia* ⌀	Eller	*Alnus* ✿
Dicksonie	*Dicksónia* ♂	Elsbeere	*Sórbus* ✿
Dieffenbachie	*Dieffenbáchia* ♂	Endivie	*Cichórium* ⌀
Dill	*Anéthum* ⚥	Engelstrompete	*Datúra* ♂
Dipladenie	*Dipladénia* ♂	Engelsüß	*Polypódium* ⒉
Diptam	*Dictámnus* ⒉	Engelwurz	*Angélica* ⚥
Dogwood	*Córnus* ✿	Enkianthus	*Enkiánthus* ✿
Dolchfarn	*Polýstichum* ⒉	„Entengrütze"	*Lémna* ≈
Dolichothele	*Dolichothéle* ♂	Enzian	*Gentiána* ⒉
Doppelmalve	*Sidalcéa* ⒉	Epidendrum	*Epidéndrum* ♂
Dorn	*Crataégus* ✿	Episcie	*Epíscia* ♂
Dorotheanthus	*Dorotheánthus* ☉	Eranthemum	*Pseud-*
Douglastanne	*Pseudotsúga* ♨		*eránthemum* ♂
Dracaene	*Dracaéna* ♂	Erbse	*Písum* ⌀
Drachenbaum	*Dracaéna* ♂	Erbsenstrauch	*Caragána* ✿
Drahtschmiele	*Deschámpsia* ⚯	Erdbeerbaum	*Arbútus* ✿
Drehfrucht	*Streptocárpus* ♂	Erdbeere	*Fragária* ○
Duftblüte	*Osmánthus* ✿	Erdbeerkaktus	*Gymnocalýcium* ♂
Duft-Flocken-		Erdbirne	*Heliánthus* ⌀
blume	*Amberbóa*	Erdnuß	*Aráchis* ○
Duft-Steinrich	*Lobulária* ☉	Erdrauch	*Fumária* ∪
		Erika	*Erica* ♂ ✿
Eberesche	*Sórbus* ✿ ○	Erle	*Alnus* ✿
Eberwurz	*Carlína* ⒉	Esche	*Fráxinus* ✿
Echeverie	*Echevéria* ♂	Eschenahorn	*Acer* ✿
Echinodorus	*Echinodórus* ≈	Eschscholtzie	*Eschschóltzia* ☉
Edeldistel	*Erýngium* ⒉	Edelsdistel	*Onopórdum* ∪ ☉
Edelgamander	*Teúcrium* ✿	„Eselsohren"	*Stáchys* ⒉
Edelraute	*Artemísia* ⒉	Eskariol	*Cichórium* ⌀
Edelweiß	*Leontopódium* ⒉	Espe	*Pópulus* ✿
Efeu	*Hédera* ♂ ✿	Essigbaum	*Rhús* ✿
Efeuaralie	*Fatshédera* ♂	Eßkastanie	*Castánea* ✿ ○
Ehrenpreis	*Verónica* ⒉ ∪ ⒉	Estragon	*Artemísia* ⚥
Eibe	*Táxus* ⚯	Eucharis	*Urceolína* ♂
Eibisch	*Hibíscus* ☉ ♂ ✿	Euryale	*Eurýale* ≈
Eiche	*Quércus* ✿	Exochorda	*Exochórda* ✿
Eichhornie	*Eichhórnia* ≈		
Eierfrucht	*Solánum* ♂	Färberkamille	*Ánthemis* ⒈
Eisenholzbaum	*Metrosidéros* ♂	Faulbaum	*Rhámnus* ✿
Eisenhut	*Aconítum* ⒉	Federborsten-	
Eisenkraut	*Verbéna* ∪	gras	*Pennisétum* ⒉
„Elefantenohr"	*Haemánthus* ◒	Federbusch-	
Elfenbeindistel	*Erýngium* ☉	Celosie	*Celósia* ☉

Federbusch-	
strauch	*Fothergílla* ⌀
Federgras	*Stípa* ♃
Feigenbaum	*Ficus* ☐ ⌀ ○
Feigenblatt-	
kürbis	*Cucúrbita* ⌀
Feigenopuntie	*Opúntia* ☐
Feigwurz	*Ranúnculus* ⚘
Felberich	*Lysimáchia* ♃
Feldkresse	*Lepídium* ∪
Feldsalat	*Valerianélla* ⌀
Felsenbirne	*Amelánchier* ⌀
Felsblasenfarn	*Cystópteris* ♃
Felsenkaktus	*Céreus* ☐
Felsen-	
steinkraut	*Alýssum* ♃
Fenchel	*Foenículum* ⚥
Ferokaktus	*Ferocátus* ☐
Fetthenne	*Sédum* ⊙ ♃ ☐
Feuerbohne	*Phaséolus* ⊙
Feuerdorn	*Pyracántha* ⌀
Fichte	*Pícea* ⚘
Ficus	*Ficus* ☐ ⌀
Fiederspiere	*Sorbária* ⌀
Fiederzwenke	*Brachypódium* ⚘
Fingeraralie	*Dizygothéca* ☐
Fingerhut	*Digitális* ⊙
Fingerkraut	*Potentilla* ♃ ⌀ ⚘
Fioringras	*Agróstis* ⚘
Fesettholz	*Cótinus* ⌀
Fittonie	*Fittónia* ☐
Flamingoblume	*Anthúrium* ☐
Flammenblume	*Phlóx* ♃
Flechtstrauß-	
gras	*Agróstis* ⚘
Fleißiges	
Lieschen	*Impátiens* ☐
„Flieder"	*Sambúcus* ⌀
Flieder	*Syrínga* ⌀
Flockenblume	*Centauréa* ⊙ ♃
Flügelnuß	*Pterocárya* ⌀
Flughafer	*Avéna* ∪
Flugzeder	*Calócedrus* ⚘
Föhre	*Pínus* ⚘

Fontanesie	*Fontanésia* ⌀
Fourcroye	*Furcrāēa* ☐
Fransen-	
schwertel	*Sparáxis* ◇
Franzosenkraut	*Galinsóga* ∪
Frauenfarn	*Athýrium* ♃
Frauenhaar	*Scírpus* ≈
Frauenhaarfarn	*Adiántum* ☐
Frauenmantel	*Alchemílla* ♃
Frauenschuh	*Cypripédium* ☐
Freesie	*Frēēsia* ◇
Froschbiß	*Hydrócharis* ≈
Froschlöffel	*Alisma* ≈
Frühlingslicht-	
blume	*Bulbocódium* ◇
Fuchsie	*Fúchsia* ☐ ⌀
Fuchsschwanz	*Alopecúrus* ∪
Fuchsschwanz	*Amaránthus* ⊙ ∪
Funkie	*Hósta* ♃
Fußblatt	*Podophýllum* ♃
Gänseblümchen	*Béllis* ⊙
Gänsedistel	*Sónchus* ⚘ ∪
Gänse-	
fingerkraut	*Potentílla* ⚘
Gänsefuß	*Chenopódium* ∪
Gänsekresse	*Árabis* ♃
Gagelstrauch	*Myrica* ⌀
Galtonie	*Galtónia* ◇
Gamander	*Teūcrium* ⌀
Garbe	*Achilléa* ♃
Gardenie	*Gardénia* ☐
Gartenkresse	*Lepídium* ⌀
Gartensalat	*Lactúca* ⌀
Gasterie	*Gastéria* ☐
Gauchheil	*Anagállis* ∪ ⊙
Gauklerblume	*Mímulus* ♃
Gaultherie	*Gaulthéria* ⌀
Gazanie	*Gazánia* ⊙
Gedenkemein	*Omphalódes* ⊙ ♃
Geißbart	*Arúncus* ⌀ ♃
Geißblatt	*Lonicéra* ☐ ⌀
Geißfuß	*Aegopódium* ☐ ⚘
Geißklee	*Cýtisus* ⌀

Gelbholz	*Cladrástis* ∅	Goldrute	*Solidágo* ⚁
Gelenkblume	*Physostégia* ⚁	Goldschuppen-	
Gemswurz	*Dorónicum* ⚁	farn	*Dryópteris* ⚁
Geogenanthe	*Geogenánthus* ♄	Granatbaum	*Púnica* ♄ ◐
Geonoma-Palme	*Geonóma* ♄	Grapefruit	*Cítrus* ◐
Geranium	*Pelargónium* ♄	Grasnelke	*Arméria* ⚁
Gerbera	*Gérbera* ♄	Grauheide	*Erica* ∅
Gerberstrauch	*Coriádria* ∅	Greisenhaupt	*Cephalocéreus* ♄
Gerste	*Hórdeum* ☉	Grevillea	*Grevíllea* ♄
Geweihbaum	*Gymnócladus* ∅	Griffinie	*Griffínia* ♄
Geweihfarn	*Platycérium* ♄	Guava	*Psídium* ◐
Gewürzstrauch	*Calycánthus* ∅	Günsel	*Ájuga* ⚁
Giersch	*Aegopódium* Ⓗ	Guernseylilie	*Nerine* ◔
Gilie	*Gilia* ☉	Gummibaum	*Fícus* ♄
Ginkgo	*Ginkgo* ⚘	Gundermann	*Glechóma* Ⓗ
Ginster	*Genista* ∅	Gunnera	*Gunnéra* ⚁
Gitterpflanze	*Aponogéton* ≈	Gurke	*Cúcumis* ⌀
Gladiole	*Gladíolus* ◔	Gurkenkraut	*Borágo* ⚦
Glanzgras	*Phálaris* ⚁	Guzmanie	*Guzmánia* ♄
Glanzmispel	*Photínia* ∅		
Glanzschildfarn	*Polýstichum* ⚁	Haageocereus	*Haageocéreus* ♄
Gleditschie	*Gleditsia* ∅	Haarcereus	*Trichocéreus* ♄
Gleichenie	*Gleichenie* ♄	Habichtskraut	*Hierácium* ⚁
Gliederkaktus	*Schlumbérgera* ♄	Haferschlehe	*Prúnus* ◐
Glockenblume	*Campánula* ☉ ⚁ ♄ Ⓗ	Haferwurzel	*Tragopógon* ⌀
Glockenheide	*Erica* ∅	Hagedorn	*Crataégus* ∅
Glockenrebe	*Cobaéa* ☉	Hahnenfuß	*Ranúnculus* ≈ ⚁ Ⓗ
Gloriose	*Gloriósa* ◔	Hahnenkamm	*Celósia* ☉
„Gloxinie"	*Sinníngia* ♄	Hainblume	*Nemóphila* ☉
„Glückklee"	*Oxalis* ♄	Hainbuche	*Cárpinus* ∅
Glycine	*Wistéria* ∅	Hakenkaktus	*Hamatocáctus* ♄
Godetie	*Godétia* ☉	Hammelmöhre	*Pastináca* ⌀
Götterbaum	*Ailánthus* ∅	Hanf	*Cánnabis* ☉
Goldbaldrian	*Patrínia* ⚁	Hanfnessel	*Galeópsis* ∪
Goldglöckchen	*Forsýthia* ∅	Hanf-Palme	*Trachycárpus* ♄
Goldkugel-		Hanftod	*Orobánche* ∪
kaktus	*Echinocáctus* ♄	Harfenstrauch	*Plectránthus* ♄
Goldlack	*Cheiránthus* ☉	Hartriegel	*Córnus* ∅
Goldlärche	*Pseudolárix* ⚘	Haselnuß	*Córylus* ∅ ◖
Goldmohn	*Eschschóltzia* ☉	Haselwurz	*Ásarum* ⚁
Goldnessel	*Lamiástrum* ⚁	Hasenklee	*Trifólium* ∪
Goldopuntie	*Opúntia* ♄	Hauswurz	*Sempervívum* ⚁
Goldprimel	*Douglásia* ⚁	Haworthie	*Hawórthia* ♄
Goldregen	*Labúrnum* ∅	Hechtie	*Héchtia* ♄

Heckenkirsche	*Lonicéra* ♄ ⊘	Hornfarn	*Ceratópteris* ≈
Heckenrose	*Rósa* ⊘	Hornklee	*Lótus* ♄
Hederich	*Ráphanus* ∪	Hornkraut	*Cerástium* ♃
Hedychium	*Hedýchium* ♄	Hornmohn	*Glaúcium* ☉
Heide	*Callúna* ⊘	Hornveilchen	*Víola* ♃
Heide, Irische	*Daboécia* ⊘	Hortensie	*Hydrangéa* ♄ ⊘
Heidekraut	*Callúna* ⊘	Howea-Palme	*Hóweia* ♄
Heidelbeere	*Vaccínium* ○	Hülse	*Ilex* ⊘
Heidelbeer-		Huflattich	*Tussilágo* ⊕
kaktus	*Myrtillocáctus* ♄	Hundskamille	*Ánthemis* ∪
Heiligenkraut	*Santolína* ♃	Hundspetersilie	*Aethúsa* ∪
Heliotrop	*Heliotrópium* ☉ ∪	Hundsrose	*Rósa* ⊘
Hellerkraut	*Thláspi* ∪	Hundsstrauß-	
Helmkraut	*Scutellária* ♃ ♄	gras	*Agróstis* ∢
Helxine	*Soleirólia* ♄	Hundszahn	*Erythrónium* △
Hemlockstanne	*Tsúga* ⚘	Hundszahn-	
Herbstlevkoje	*Matthíola* ☉	gras	*Cýnodon* ∢
Herbstzeitlose	*Cólchicum* △	Hunger-	
Herkuleskraut	*Heracléum* ♃ ☉	blümchen	*Dràba* ♃
Herzgespann	*Leonúrus* ⊕	Hunger-	
Heteranthere	*Heteranthéra* ≈	blümchen	*Eróphila* ∪
Heuchera	*Heúchera* ♃	Hunnemannie	*Hunnemánnia* ☉
Heucherella	*Heucherélla* ♃	Hyazinthe	*Hyacínthus* △
Hiba-Lebens-		Hymenocallis	*Hymenocállis* ♄
baum	*Thujópsis* ⚘	Hypocyrte	*Hypocýrta* ♄
Hickorynuß	*Cárya* ⊘		
Himbeere	*Rúbus* ○		
Himmels-		Igelkaktus	*Echinocáctus* ♄
röschen	*Siléne* ☉	Igelpolster	*Acantholímon* ♃
Himmels-		Igelsäulen-	
schlüssel	*Prímula* ♃	kaktus	*Echinocéreus* ♄
Hiobsträne	*Cóix* ☉	Immenblatt	*Melíttis* ♃
Hirschkolben-		Immengrün	*Vínca* ⊘
sumach	*Rhús* ⊘	Immortelle	*Ammóbium* ☉
Hirschzunge	*Phyllítis* ♃	Incarvillee	*Incarvíllea* ♃
Hirtentäschel-		Inkalilie	*Alstroeméria* △
kraut	*Capsélla* ∪	Iresine	*Iresíne* ♄
Hoffmannie	*Hoffmánnia* ♄	Isländischer	
Hohlzahn	*Galeópsis* ∪	Mohn	*Papáver* ♃
Holodiscus	*Holodíscus* ⊘	Ixie	*Íxia* △
Holunder	*Sambúcus* ⊘	Ixiolirion	*Ixiolírion* △
Honiggras	*Hólcus* ⊕	Ixore	*Ixóra* ♄
Hopfen	*Húmulus* ☉		
Hopfenbuche	*Óstrya* ⊘	Jacaranda	*Jacaránda* ♄

Jakobinie	*Jacobínia* ♂
Jakobsleiter	*Polemónium* ♃
Jasmin, echter	*Jasmínium* ⌀
Jasmin, falscher	*Philadélphus* ⌀
Jelängerjelieber	*Lonicéra* ⌀
Johannisbeere	*Ríbes* ⌀ ○
Johannisbrot-	
baum	*Ceratónia* ○
Johanniskraut	*Hypéricum* ♃ ⌀ ⊕
Jonquille	*Narcíssus* ◇
Juanulloe	*Juanullóa* ♂
Judasbaum	*Cércis* ⌀
Judenbart	*Saxífraga* ♃ ♂
Jungfer im	
Grünen	*Nigélla* ⊙
Jungfernrebe	*Parthenocíssus* ♂ ⌀
Junkerlilie	*Ashodelíne* ♃
Kälberkropf	*Chaerophýllum* U
Känguruh-	
klimme	*Císsus* ♂
Käsepappel	*Málva* U
Kaffeestrauch	*Cóffea* ♂
Kaiserkrone	*Fritillária* ◇
Kakaobaum	*Theobróma* ♂
Kakipflaume	*Dióspyros* ○
Kaladie	*Caládium* ♂
Kalanchöe	*Kalánchöe* ♂
Kalmus	*Ácorus* ≈
Kamelie	*Caméllia* ♂
Kamille	*Chamomílla* ⅄ U
Kamille	*Ánthemis* ♃
Kammgras	*Cynosúrus* ⚹
Kanistrum	*Canístrum* ♂
Kannenstrauch	*Nepénthes* ♂
Kanonierblume	*Pílea* ♂
Kapkörbchen	*Dimorphothéca* ⊙
Kaps	*Brássica* ∅
Kapuziner-	
kresse	*Tropaéolum* ⊙
Karakabaum	*Corynocárpus* ♂
Karfiol	*Brássica* ∅
Karotte	*Daúcus* ∅
Kartoffel	*Solánum* ∅

Kastanie	*Aesculus* ⌀
Kastanie	*Castánea* ⌀
Katsurabaum	*Cercidiphýllum* ⌀
Katzenminze	*Népeta* ♃
Katzenpfötchen	*Antennária* ♃
Kaukasus-Ver-	
gißmeinnicht	*Brúnnera* ♃
„Kentia"	*Hóweia* ♂
Kerbel	*Anthriscus* ⅄ U
Kerbelrübe	*Chaerophýllum* ∅
Kerbenblatt-	
kaktus	*Epiphýllum* ♂
Kermesbeere	*Phytolácca* ♃
Kerrie	*Kerria* ⌀
Kiefer	*Pínus* ♠
Kirschapfelbaum	Málus ⌀ ○
Kirsche	*Prúnus* ⌀ ○
Kirschmyrte	*Syzýgium* ♂
Kirschpflaume	*Prúnus* ⌀ ○
Klauenfarn	*Onýchium* ♂
Klebkraut	*Gálium* U
Klebsame	*Pittósporum* ♂
Klebschwertel	*Ixia* ◇
Klee	*Trifólium* ♃ U
Kleeseide	*Cuscúta* U
Kleinie	*Senécio* ♂
Klette	*Arctium* U
Kletterfarn	*Lygódium* ♂
Klimme	*Císsus* ♂
Knäuel	*Scleránthus* U
Knoblauch	*Allium* ∅
Knöterich	*Polýgonum* ⊙ ♃ ⌀ U
Knöterich	*Bilderdykia* ⌀
Knollen-	
hahnenfuß	*Ranúnculus* ⊕
Knollenziest	*Stáchys* ∅
Knopfkraut	*Galinsóga* U
Knotenblume	*Leucójum* ◇
Kocher-	
blümchen	*Cupéa* ⊙
Kölle	*Saturéja* ⅄
Königin der	
Nacht	*Selenicéreus* ♂
Königsfarn	*Osmúnda* ♃

Livistonie — *Livistóna* ♄
Lobelie — *Lobélia* ⊙
Lobivie — *Lobívia* ♄
Lobularie — *Lobulária* ⊙
Löwenmaul — *Antirrhínum* ⊙ ∪
Löwenzahn — *Taráxacum* ⚥ ⌕
Lolch — *Lólium* ♃
Lorbeer — *Laúrus* ♄
Lorbeerkirsche — *Prúnus* ♀
Lorbeerpappel — *Pópulus* ♀
Lorbeerrose — *Kálmia* ♀
Lorbeer-schneeball — *Vibúrnum* ♄
Lotosblume — *Nelúmbo* ≈
Lotosblume — *Nympháe* ≈
Louisiana-Moos — *Tillándsia* ♄
Ludwigie — *Ludwígia* ≈
Lungenkraut — *Pulmonária* ♃
Lupine — *Lupínus* ♃
Lycaste — *Lycáste* ♄

Macleaya — *Macleáya* ♃
Macrozamie — *Macrozámia* ♃
Mädchenauge — *Coreópsis* ⊙ ♃
Mädesüß — *Filipéndula* ♃
Mähnengerste — *Hórdeum* ⊙
Märzbecher — *Leucójum* ◊
Mäusedorn — *Rúscus* ♀
Mäusegerste — *Hórdeum* ∪
Magnolie — *Magnólia* ♀
Mahoberberis — x *Mahobérberis* ♀
Mahonie — *Mahónia* ♀
Maiapfel — *Podophýllum* ♃
Maiglöckchen — *Convallária* ♃
Majoran — *Majorána* ⅄
Malaienblume — *Phalaenópsis* ♄
Malope — *Malópe* ⊙
Malve — *Málva* ♃ ⚥ ∪
Mammutbaum — *Sequóia*
Mandarine — *Cítrus* ◯
Mandel-bäumchen — *Prúnus* ♀
Mandelbaum — *Prúnus* ◯
Mangold — *Béta* ⚥

Mangobaum — *Mangífera* ◯
Mannsschild — *Andrósace* ♃
Marante — *Maránta* ♄
Margerite, bunte — *Chrysánthemun* ♃
Marone — *Castánea* ♀ ◯
Maßholder — *Ácer* ♀
Mastkraut — *Sagína* ⌕
Mauerpfeffer — *Sédum* ♃
Mauerraute — *Asplénium* ♃
Maulbeerbaum — *Mórus* ♀
Maulbeere — *Mórus* ♀
Maxillarie — *Maxillária* ♄
Medinille — *Medinílla* ♄
Medusenhaupt — *Euphórbia* ♄
Medusenhaupt — *Mámmillária* ♄
Meerkohl — *Crámbe* ♃ ⚥
Meerrettich — *Armorácia* ⚥ ⅄
Meerzwiebel — *Urgínea* ♄
Mehlbeere — *Sórbus* ♀
Melde — *Átriplex* ⚥ ∪
Melisse — *Melíssa* ⅄
Melone — *Cúcumis* ⚥
Melonenbaum — *Cárica* ♄ ◯
Melonenkaktus — *Melocáctus* ♄
Mentzelie — *Mentzélia* ⊙
Mertensie — *Merténsia* ♃
Metasequóia — *Metasequóia*
Microlepie — *Microlépia* ♄
Milchstern — *Ornithógalum* ◊ ♄
Miltonie — *Miltoniópsis* ♄
„Mimose" — *Acácia* ♄
Mimose, echte — *Mimósa* ♄
Mirabelle — *Prúnus* ◯
Miscánthus — *Miscánthus* ♃
Mispel — *Méspilus* ♀ ◯
Mistel — *Víscum* ♀
Mittagsblume — *Mesembryánthe-mum* ⊙
Möhre — *Daúcus* ⚥
Mohn — *Papáver* ⊙ ♃ ∪
Mohrrübe — *Daúcus* ⚥
Monarde — *Monárda* ♃
Mondsame — *Menispermum* ♀
Monstera — *Mónstera* ♄

„Montbretie"	*Crocósmia* ⚥	Oleander	*Nérium* ♁
Mooskraut	*Selaginélla* ♁	Olivenbaum	*Olea* ↻
Moosmiere	*Moehríngia* ♃	Oncidium	*Oncídium* ♁
Morelle	*Prúnus* ↻	Oplismenus	*Oplísmenus* ♁
Mormonentulpe	*Calochórtus* ⚥	Orange	*Cítrus* ↻
Moschusvater	*Abelmóschus* ⊙ ⊙	Oreopanax	*Oreópanax* ♁
Moskitogras	*Bouteloúa*	Osterglocke	*Narcíssus* ⚥
Mottenkönig	*Plectránthus* ♁	Osterkaktus	*Rhipsalidópsis* ♁
Mummel	*Núphar* ≈	Ottelie	*Ottélia* ≈
Muschelblume	*Molucélla*		
Myrrhe	*Mýrrhis* ⚥	Pachyphytum	*Pachýphytum* ♁
Myrte	*Mýrtus* ♁	Pachysandra	*Pachysándra* ⚘
Myrtenheide	*Melaleūca* ♁	Pachystachys	*Pachystáchys* ♁
		Päonie	*Paeónia* ♃ ⚘
Nachtkerze	*Oenothéra* ⊙ ♃ ∪	Palisote	*Palisóta* ♁
Nachtschatten	*Solánum* ∪	Palma Christi	*Rícinus* ⊙
Nachtviole	*Hésperis* ♃	Palmetto-Palme	*Sábal* ♁
Narzisse	*Narcíssus* ⚥	Palmfarn	*Cýcas* ♁
Natterkopf	*Échium* ⊙	Palmlilie	*Yúcca* ♃ ♁
„Negerfinger"	*Opúntia* ♁	Pampasgras	*Cortadéria* ♃
Nelke	*Diánthus* ⊙ ♃	Pampelmuse	*Cítrus* ↻
Nelkenwurz	*Géum* ♃	Pantoffelblume	*Calceolária* ♁
Nemesie	*Nemésia* ⊙	Papageienblatt	*Alternanthéra* ♃
Neobuxbaumie	*Neobuxbaūmia* ♁	Papierblume	*Xeránthemum* ⊙
Neoregelie	*Neoregélia* ♁	Papier-	
Nerine	*Nerine* ⚥	knöpfchen	*Ammóbium* ⊙
Nestfarn	*Asplénium* ♁	Papier-Maul-	
Neuseeländer		beerbaum	*Broussonétia* ⚘
Flachs	*Phórmium* ♁	Pappel	*Pópulus* ⚘
Neuseeländer		Paprika	*Cápsicum* ♁ ⌀ ¥
Spinat	*Tetragónia* ⌀	Papyrusstaude	*Cýperus* ≈
Nicandra	*Nicándra* ⊙	Paranußbaum	*Berthollétia* ↻
Nicodemie	*Nicodémia* ♁	Parrotie	*Parrótia* ⚘
Nidularie	*Nidulárium* ♁	Passionsblume	*Passiflóra* ♁ ↻
Nieswurz	*Helléborus* ♃	Pasternak	*Pastináca* ⌀
Nopalxochie	*Nopalxóchia* ♁	Pastinake	*Pastináca* ⌀
Nußeibe	*Torraēa* ⚘	Paulownie	*Paulównia* ⚘
Nutka-Schein-		Pavonie	*Pavónia* ♁
zypresse	*Chamaecýparis* ⚘	Pechnelke	*Lýchnis* ♃
		Pelargonie	*Pelargónium* ♁
Ochsenauge	*Buphtálmum* ♃	Pellaea	*Pellaēa* ♁
Ochsenzunge	*Anchúsa* ⊙ ⊙	„Pellote"	*Lophóphora* ♁
Okra	*Abelmóschus* ⌀	Penstemon	*Penstémon* ⊙ ♃
Ölbaum	*Olea* ↻	Peperomie	*Peperómia* ♁
Ölweide	*Elaeágnus* ⚘		

Pepul-Baum	*Fícus* ⊍
Pereskie	*Peréskia* ⊍
Perilepte	*Perilépta* ⊍
Perilla	*Perílla* ⊙
Periploca	*Períploca* ⊘
Perlfarn	*Onóclea* ♃
Perückenstrauch	*Cótinus* ⊘
Pestwurz	*Petasítes* (♃)
Petersilie	*Petroselínum* Ұ
Petunie	*Petúnia* ⊙ ⊍
Pfahlrohr	*Arúndo* ♃
Pfaffenhütchen	*Euónymus* ⊘
Pfeffer	*Píper* ⊍
Pfeffer, span.	*Cápsicum* ⊍
Pfefferkraut	*Saturéja* Ұ
Pfefferminze	*Méntha* Ұ
Pfeifengras	*Molínia* ♃
Pfeifenstrauch	*Philadélphus* ⊘
Pfeifenwinde	*Aristolóchia* ⊘
Pfeilkraut	*Sagittária* ≈
Pfennigkraut	*Lysimáchia* ♃
Pfingstrose	*Paeónia* ♃
Pfirsichbaum	*Prúnus* ⊘ ○
Pflaume	*Prúnus* ⊘ ○
Pfriemengras	*Stípa* ♃
Phacelie	*Phacélia* ⊙
Phajus	*Pháius* ⊍
Philodendron	*Philodéndron* ⊍
Phlox	*Phlóx* ⊙ ♃
Phoenix	*Phoēnix* ⊍ ○
Phuiopsis	*Phuiópsis* ♃
„Phyllokaktus"	*Nopalxóchia* ⊍
Pieris	*Píeris* ⊘
Pillenfarn	*Pilulária* ≈
Pimentbaum	*Piménta* ○
Pimpernuß	*Staphyléa* ⊘
Pimpinelle	*Pimpinélla* Ұ
Pinie	*Pínus* ⸙
Pippau	*Crépis* ⊙
Pistie	*Pístia* ≈
Platane	*Plátanus* ⊘
Platterbse	*Láthyrus* ♃ U (♃)
Poinsettie	*Euphórbia* ⊍
Pomeranze	*Cítrus* ○
Porree	*Állium* ✎
Porst	*Lédum* ⊘
Portulak	*Portuláca* ⊙
Porzellanblümchen	*Saxífraga* ♃
Prachtscharte	*Líatris* ♃
Preiselbeere	*Vaccínium* ○
Primel	*Prímula* ♃ ⊍
Prinzessin der Nacht	*Selenicéreus* ⊍
Prophetenblume	*Echioídes* ♃
Prunkbohne	*Phaséolus* ⊙
Prunkwinde	*Ipomoēa* ⊙
Pseudosasa	*Pseudosása* ⊘
Puffbohne	*Vícia* ✎
Puschkinie	*Puschkínia* ♁
Quecke	*Agropýron* (♃)
Quendel	*Thýmus* ♃
Quesnelie	*Quesnélia* ⊍
Quitte	*Cydónia* ⊘ ○
Radies	*Ráphanus* ✎
Raffiapalme	*Ráphia* ⊍
Raygras	*Lólium* ⸍
Rainfarn	*Chrysánthemum* (♃)
Rainkohl	*Lapsána* U
Rainweide	*Ligústrum* ⊘
Ramonde	*Ramónda* ♃
Ranunkel	*Ranúnculus* ♁
Raps	*Brássica* ✎
Rauhschopf	*Dasylírion* ⊍
Rauke	*Sisýmbrium* U
Rauschbeere	*Émpetrum* ⊘
Raute	*Rúta* Ұ
Rebe	*Vítis* ⊘
Rebutie	*Rebútia* ⊍
Rechsteinerie	*Sinníngia* ♁ ⊍
Regenbogenkaktus	*Echinocéreus* ⊍
Regnellidium	*Regnellídium* ≈
Reiherschnabel	*Eródium* ⊙ U
Reineclaude	*Prúnus* ○
Reseda	*Reséda* ⊙
Rettich	*Ráphanus* ✎ U

Rhabarber	*Rhéum* ⚘
Rhaphidophora	*Epiprémnum* ⬂
Rhododendron	*Rhododéndron* ⬂ ✿
Rhoeo	*Rhóeo* ⬂
Rhoicíssus	*Rhoicíssus* ⬂
Riesen-	
granadilla	*Passiflóra* ⬂
Riesenhyazinthe	*Galtónia* ◌
Ringelblume	*Caléndula* ⊙
Rippenfarn	*Bléchnum* ⁊ ⬂
Rispengras	*Póa* ∪ ✦
Rittersporn	*Delphínium* ⊙ ⁊
Ritterstern	*Hippeástrum* ⬂
Robinie	*Robínia* ✿
Rondeletie	*Rondelétia* ⬂
Rodgersie	*Rodgérsia* ⁊
Rohdee	*Róhdea* ⬂
Rohr	*Phragmítes* ∺
Rohrkolben	*Týpha* ∺
Rose	*Rósa* ✿ ⬂
Rosenpelargonie	*Pelargónium* ⬂
Rose von	
Jericho	*Anastática* ⊙
Rose von	
Jericho	*Asteríscus* ⊙
Rosmarin	*Rosmarínus* ⋇
Roßkastanie	*Áesculus* ✿
Roßpappel	*Málva* ∪
Rotdorn	*Cratáegus* ✿
Rotstraußgras	*Agróstis* ✦
Rotschwingel	*Festúca* ✦
Rubus	*Rúbus* ✿
Rudbeckie	*Rudbéckia* ⊙ ⁊
Rübe	*Brássica* ⚘
Rübsen	*Brássica* ⚘
Ruellie	*Ruéllia* ⬂
Rüster	*Úlmus* ✿
Ruhmesblume	*Cliánthus* ⬂
Runkelrübe	*Béta* ⚘
Rutenkaktus	*Rhípsalis* ⬂
Sabal-Palme	*Sábal* ⬂
Sadebaum	*Juníperus* ⫸
Säckelblume	*Ceanóthus* ✿

Sägeblattkaktus	*Epiphýllum* ⬂
Safranwurz	*Cúrcuma* ⬂
Salat	*Lactúca* ⚘
Salbei	*Sálvia* ⊙ ⁊ ⋇
Salomonssiegel	*Polygonátum* ⁊
Salzstrauch	*Halimodéndron* ✿
Sammetblume	*Tagétes* ⊙
Sanchezie	*Sanchézia* ⬂
Sanddorn	*Hippóphaë* ✿
Sandkraut	*Arenária* ⁊ ∪
Sandmyrte	*Leiophýllum* ✿
Sandstraußgras	*Agróstis* ✦
Sanvitalie	*Sanvitália* ⊙
Sasa	*Sása* ✿
Saudistel	*Sónchus* �
Sauerampfer	*Rúmex* ⚘ ⎯
Sauerdorn	*Bérberis* ✿
Sauerklee	*Óxalis* ⬂ ⁊
Säulenkaktus	*Céreus* ⬂
Saumfarn	*Ptéris* ⬂
Sawarazypresse	*Chamaecýparis* ⫸
Saxifraga	*Saxífraga* ⬂
Schachbrett-	
blume	*Fritillária* ◌
Schachtelhalm	*Equisétum* ⎯
Schafgarbe	*Achilléa* ⁊
Schafschwingel	*Festúca* ⁊ ✦
Schalotte	*Állium* ⚘
Scharbockskraut	*Ranúnculus* ⎯
Scharlachdorn	*Cratáegus* ✿
Schaumblüte	*Tiarélla* ⁊
Schefflera	*Schéfflera* ⬂
Scheinakazie	*Robínia* ✿
Scheinbuche	*Nothofágus* ✿
Scheineller	*Cléthra* ✿
Scheinhasel	*Corylópsis* ✿
Scheinkerrie	*Rhodótypos* ✿
Scheinrebe	*Ampelópsis* ⬂ ✿
Schein-Rhipsalis	*Rhipsalidópsis* ⬂
Scheinzypresse	*Chamaecýparis* ⫸
Schiefblatt	*Begónia* ⊙ ⬂
Schiefteller	*Achimunes* ⬂
Schierling	*Cónium* ∪
Schildblatt	*Peltiphýllum* ⁊

Schildfarn	*Polýstichum* ♃
Schilf	*Phragmítes* ≈
Schirmtanne	*Sciadópitis* ∦
Schismatoglottis	*Schismatoglóttis* ☗
Schlafmützchen	*Eschschóltzia* ☉
Schlangenbart	*Ophiopógon* ☗
Schlangenkaktus	*Aporocáctus* ☗
Schlehe	*Prúnus* ✿
Schleierkraut	*Gypsóphila* ☉ ♃
Schleifenblume	*Ibéris* ☉ ♃ ∪
Schlinge	*Vibúrnum* ✿
Schlüsselblume	*Prímula* ♃
Schmetterlings-strauch	*Buddléja* ✿
Schmiele	*Deschámpsia* ♃
Schmuck-körbchen	*Cósmos* ☉
Schneeball	*Vibúrnum* ✿
Schneebeere	*Symphoricárpos* ✿
Schneeflocken-strauch	*Chionánthus* ✿
Schneeglöckchen	*Galánthus* ◇
Schneeglöck-chenbaum	*Halésia* ✿
Schneeheide	*Erica* ✿
Schneestolz	Chionodóxa ◇
Schnittlauch	*Állium* ⅄
Schnurbaum	*Sóphora* ✿
Schöllkraut	*Chelidónium* ⚃
Schönfrucht	*Callicárpa* ✿
Schönranke	*Eccremocárpos* ☉
Schöterich	*Erýsimum* ☉ ∪
Schopflilie	*Éucomis* ☗
Schraubenbaum	*Pándanus* ☗
Schrauben-kaktus	*Stenocéreus* ☗
Schusterpalme	Aspidístra ☗
Schwarzdorn	*Prúnus* ✿
Schwarze Susanne	*Thunbérgia* ☉
Schwarznessel	*Ballóta* ∪
Schwarznessel	*Perílla* ☉
Schwarzwurzel	*Scorzonéra* ∅
Schwertlilie	*Íris* ◇ ≈

Schwimmfarn	*Salvínia* ≈
Schwingel	*Festúca* ♃
Scilla	*Hyacinthoídes* ◇
Scindapsus	*Scindápsus* ☗
Sedum	*Sédum* ☉ ♃ ☗
Seeigelkaktus	*Astróphytum* ☗
Seeigelkaktus	*Echinópsis* ☗
Seekanne	*Nymphoídes* ≈
Seerose	*Nympháẹ* ≈
Segge	*Cárex* ♃
Seidelbast	*Dáphne* ✿
Seidengras	*Eriánthus* ♃
Seifenkraut	*Saponária* ☉ ♃
Selaginella	*Selaginélla* ☗
Sellerie	*Ápium* ∅
Senf	Brássica ⅄
Setcreasie	*Setcreásia* ☗
Sicheltanne	*Cryptoméria* ∦
Silberdistel	*Cárlina* ♃
„Silbereiche", austral.	*Grevíllea* ☗
Silberimmortelle	*Anáphalis* ♃
Silberkerze	*Cimicífuga* ♃
Silberkerze	*Cleistocáctus* ☗
Silberling	*Lunária* ☉
Silberraute	*Artemísia* ♃
Silberwurz	*Drýas* ✿
Simse	*Scírpus* ≈
Sinarundinarie	*Sinarundinária* ✿
Singrün	*Vinca* ✿
Sinnpflanze	*Mimósa* ☗
Skabiose	*Scabiósa* ☉ ♃
Skimmie	*Skimmia* ✿
Skorpionskraut	*Heliotrópium* ∪
Smithianthe	*Smithiántha* ☗
Soja-Bohne	*Glycíne* ∅
Sommeraster	*Callístephus* ☉
Sommerbluts-tröpfchen	*Adónis* ☉
Sommer-zypresse	*Kóchia* ☉
Sommerendivie	*Lactúca* ∅
Sommerflieder	*Buddléja* ✿
Sommerlavatere	*Lavatéra* ☉

Sommermalve	*Malópe* ⊙
Sommerwurz	*Orobánche* U
Sonnenauge	*Heliópsis* ♃
Sonnenblume	*Heliánthus* ⊙ ♃
Sonnenbraut	*Helénium* ♃
Sonnenflügel	*Helípterum* ⊙
Sonnenröschen	*Heliánthemum* ♃
Sonnentau	*Drósera* ♃
Sonnenzypresse	*Chamaecýparis* ⸙
Spaltblume	*Schizánthus* ⊙ ⊽
Spargel	*Aspáragus* ♃ ⊽ ✎
Spark	*Spérgula* U
Spartina	*Spartína* ♃
Spathiphyllum	*Spathiphýllum* ⊽
Speik, Großer	*Lavándula* ♃
Speierling	*Sórbus* ○
Spierstrauch	*Spirǣe* ∅
Spießtanne	*Cunninghámia* ⸙
Spilling	*Prúnus* ○
Spinat	*Spinácia* ✎
Spinat, engl.	*Rúmex* ✎
Spinat, neuseeländ.	*Tetragónia* ✎
Spindelstrauch	*Euónymus* ⊽ ∅
„Spinnenkaktus“	*Gymnocalýcium* ⊽
Spinnenpflanze	*Cleóme* ⊙
Spörgel	*Spérgula* U
Spornblume	*Centránthus* ⊙ ♃
Spottnuß	*Cárya* ∅
Springkraut	*Impátiens* ⊙ U
Stachelbeere	*Ríbes* ○
Stachelmohn	*Argemóne* ⊙
Stachelnüßchen	*Acǣna* ♃
Stachelpanax	*Eleutherocóccus* ∅
Stanhopee	*Stanhópea* ⊽
Stapelie	*Stapélia* ⊽
Statice	*Limónium* ⚇
Stechapfel	*Datúra* ⊙ ⊽ U
Stechginster	*Úlex* ∅
Stechpalme	*Ílex* ∅
Stecken-Palme	*Rhápis* ⊽
Steinbrech	*Saxífraga* ♃ ⊽
Steinfeder	*Asplénium* ♃
Steinklee	*Melilótus* U
Steinsame	*Buglossoídes* ♃
Steintäschel	*Aethionéma* ♃
Steinweichsel	*Prúnus* ○
Stephanotis	*Stephanótis* ⊽
Steppenkerze	*Eremúrus* ♃
Sterndolde	*Astrántia* ♃
Sternmiere	*Stellária* U
Sternmoos	*Sagína* ♃ (♃)
Stern von Bethlehem	*Ornihtógalum* ♁
Stiefmütterchen	*Víola* ⚇ U
Stockmalve	*Althǣa* ⊙ ⚇
Stockrose	*Althǣa* ⊙ ⚇
Storaxbaum	*Stýrax* ∅
Storchschnabel	*Gerånium* ♃ U
Strahlengriffel	*Actinídia* ∅ ○
Strahlensame	*Heliospérma* ♃
Strandhafer	*Lēymus* ♃
Stranvaesie	*Stranvǣsia* ∅
Strauchveronika	*Hébe* ⊽ ∅
Straußfarn	*Mattēuccia* ♃
Straußgras	*Agróstis* ⊙ ♃
Straußhyazinthe	*Muscári* ♁
Streifenfarn	*Asplénium* ♃ ⊽
Strelitzie	*Strelítzia* ⊽
Strobe	*Pínus* ⸙
Strohbilanthes	*Strobilánthes* ⊽
Strohblume	*Helichrýsum* ⊙
Sturmhut	*Aconítum* ♃
Süßdolde	*Mýrrhis* Ψ
Süßklee	*Hedýsarum* ∅
Sumach	*Rhús* ∅
Sumpfblume	*Limnánthes* ⊙
Sumpf-Dotterblume	*Cáltha* ≈
Sumpfeibe	*Taxódium* ⸙
Sumpfporst	*Lédum* ∅
Sumpfzypresse	*Taxódium* ⸙
Syngonium	*Syngónium* ⊽
Tabak	*Nicotiána* ⊙
Taglilie	*Hemerocállis* ♃
Talipotpalme	*Corýpha* ⊽

Tamariske	*Támarix* ✄
Tanne	*Abies* ✿
Tannenwedel	*Hippúris* ♃ ≈
Taubnessel	*Lámium* ♃ ⊞ ∪
Taumelloch	*Lólium* ∪
Tausendblatt	*Myriophýllum* ≈
Tazette	*Narcíssus* ◇
Teestrauch	*Caméllia* ⎈
Teichrose	*Núphar* ≈
Tetrastigma	*Tetrastígma* ⎈
Teufelskralle	*Phytaëma* ♃
Teufelszwirn	*Lýcium* ✄
Thunbergie	*Thunbérgia* ⊙
Thymian	*Thýmus* ♃ ⚥
Tillandsie	*Tillándsia* ⎈
Titanopsis	*Titanópsis* ⎈
Todee	*Tódea* ⎈
Tomate	*Lycopérsicon* ⌀
Topinambur	*Heliánthus* ⌀
Torenie	*Torénia* ⊙ ⎈
Torfmyrte	*Pernéttya* ⎈
Tradeskantie	*Tradescántia* ♃ ⎈
Tradeskantie	*Zebrína* ⎈
Tränendes Herz	*Dicéntra* ♃
Tragant	*Astrágalus* ♃
Traubenheide	*Leucóthoë* ✄
Trauben-hyazinthe	*Muscári* ◇
Trespe	*Brómus* ∪ ⁄
Trichterfarn	*Mattéuccia* ♃
Trillium	*Tríllium* ♃
Tripmadam	*Sédum* ♃
Tritome	*Kniphófia* ♃
Troddelblume	*Soldanélla* ♃
Trollblume	*Tróllius* ♃
Trompetenbaum	*Catálpa* ✄
Trompeten-blume	*Cámpsis* ✄
Trompeten-zunge	*Salpiglóssis* ⊙
Tuberose	*Poliánthes* ⎈
Tüpfelfarn	*Polypódium* ♃ ⎔
Tulpe	*Túlipa* ◇
Tulpenbaum	*Liriodéndron* ✄
Uferrebe	*Vítis* ✄
Ulme	*Ulmus* ✄
„Ur-Mammut-baum"	*Metasequóia* ✿
Urnenpflanze	*Dischídia* ⎈
Usambara-Veilchen	*Saintpáulia* ⎈
Uvularie	*Uvulária* ♃
Vallisnerie	*Vallisnéria* ≈
Vallote	*Vallóta* ⎈
Vanda	*Vánda* ⎈
Vanille	*Vanílla* ⎈
Veilchen	*Víola* ♃
Veltheimie	*Velthéimia* ⎈
Venus-fliegenfalle	*Dionaéa* ⎈
Venusschuh	*Paphiopédilum* ⎈
Verbene	*Verbéna* ⊙
Vergißmeinnicht	*Myosótis* ♃ ∪
Vergißmeinnicht	*Omphalódes* ⊙
Veronika	*Verónica* ⎈ ∪ ⊞
Vexiernelke	*Lýchnis* ♃
Victoria	*Victória* ≈
Vogelbeerbaum	*Sórbus* ✄
Vogelkirsche	*Prúnus* ✄ ○
Vogelmiere	*Stellária* ∪
Vogelwicke	*Vícia* ∪
Vriesea	*Vriésea* ⎈
Wacholder	*Juníperus* ✿
Wachsbaum	*Caríssa* ⎈
Wachsblume	*Hóya* ⎈
Wachsblume	*Cerínthe* ⊙
Wachtelweizen	*Melampýrum* ∪
Waldlilie	*Tríllium* ♃
Waldmeister	*Gálium* ♃ ⊙ ⚥
Waldrebe	*Clématis* ✄
Waldsteinie	*Waldstéinia* ♃
Walnußbaum	*Júglans* ○
Wandelröschen	*Lantána* ⊙ ⎈
Warzenkaktus	*Mammillária* ⎈
Wasserähre	*Aponogéton* ≈
Wasserfeder	*Hottónia* ≈
Wasserhelm	*Utriculária* ≈

Wasserhyazinthe	*Eichhórnia* ≈
Wasserlinse	*Lémna, Wólffia* ≈
Wassermelone	*Citrúllus* ⚭
Wassernabel	*Hydrocótyle* ⊕
Wassernuß	*Trápa* ≈
Wasserpest	*Elódea* ≈
Wasserquirl	*Hydrílla* ≈
Wassersalat	*Pístia* ≈
Wasserschlauch	*Utriculária* ≈
Wasserstern	*Callítriche* ≈
Wegerich	*Plantágo* ♃ ⊕
Wegrauke	*Sisýmbrium* ∪
Weide	*Sálix* ⊘
Weiderich	*Lýthrum* ♃
Weigelie	*Wéigela* ⊘
Weihnachtsfarn	*Polýstichum* ♃
Weihnachtskaktus	*Schlumbérgera* ⊟
Weihnachtsstern	*Euphórbia* ⊟
Weinraute	*Rúta* ⅄
Weinrebe, echte	*Vítis* ⊘ ○
Weißbuche	*Cárpinus* ⊘
Weißdorn	*Crataégus* ⊘
Weißklee	*Trifólium* ♃
Weißwurzel	*Tragopógon* ⚭
Wellingtonie	*Sequoiadéndron* ⬚
Wermut	*Artemísia* ⅄
„Wicke"	*Láthyrus* ⊙
Widerstoß	*Limónium* ⊙ ♃
Wiesenkerbel	*Anthríscus* ∪
Wiesenraute	*Thalíctrum* ♃
Wiesenrispengras	*Póa* ◀
Wiesenschaumkraut	*Cardámine* ∪
Wilder Wein	*Parthenocíssus* ⊘
Windhafer	*Avéna* ⊙ ∪
Windhalm	*Ápera* ∪
Winterling	*Eránthis* △
Wirsing	*Brássica* ⚭
Wistarie	*Wistéria* ⊘
Wolfsmilch	*Euphórbia* ♃ ⊟ ∪
Wollfruchtkaktus	*Ariocárpus* ⊟
Woodwardie	*Woodwárdie* ⊟
Wruke	*Brássica* ⚭
Wucherblume	*Chrysánthemum* ⊙
Würger	*Orobánche* ∪
Wunderbaum	*Rícinus* ⊙
Wunderblume	*Mirábilis* ♃
Wurmfarn	*Dryópteris* ♃
Xanthosome	*Xanthosóma* ⊟
Yamswurzel	*Dioscórea* ⊟
Ysop	*Hyssópus* ⅄
Yucca	*Yúcca* ♃ ⊟
Zaubernuß	*Hamamélis* ⊘
Zaunrübe	*Bryónia* ⊕
Zaunwinde	*Calystégia* ⊕
Zeder	*Cédrus* ⬚
Zebra-Tradeskantie	*Zebrína* ⊟
Zederzypresse	*Chamaecýparis* ⬚
Zeitlose	*Cólchicum* △
Zelkova	*Zelkóva* ⊘
Zentifolie	*Rósa* ⊘
Zichórie	*Cichórium* ⚭
Zickzackstrauch	*Corékia* ⊟
Zierbanane	*Enséte* ⊟
Zierquitte	*Chaenoméles* ⊘
Ziest	*Stáchys* ♃ ∪
Zimmeraralie	*Fátsia* ⊟
Zimmer-Calla	*Zantedéschia* ⊟
Zimmerlinde	*Sparmánnia* ⊟
Zimmertanne	*Araucária* ⊟
Zimt, falscher	*Alpínia*
Zinnie	*Zínnia* ⊙
Zistrose	*Cístrus* ⊘
Zitrone	*Citrus* ○
Zitronenpelargonie	*Pelargónium* ⊟
Zitronenmelisse	*Melíssa* ⅄
Zittergras	*Bríza* ⊙ ♃
Zucchini	*Cucúrbita* ⚭
Zuckerrübe	*Béta* ⚭

Zungenfarn	*Elaphoglóssum* ⊖	Zwetsche	*Prúnus* ○
Zürgelbaum	*Céltis* ✿	Zwiebel	*Állium* ⊘
Zwergbambus	*Sáda* ♃	Zwiebelliesch-	
Zwergcereus	*Chamaecéreus* ⊖	gras	*Phléum* ✦
Zwergmispel	*Cotoneáster* ✿	Zylinderopuntie	*Opúntia* ⊖
Zwergpalme	*Chamãẽrops* ⊖	Zylinderputzer	*Callistémon* ⊖
Zwergpfeffer	*Peperómia* ⊖	Zymbelkraut	*Cymbalária* ♃
Zwergwasser-		Zyperngras	*Cýperus* ⁓
linse	*Wólffia* ⁓	Zypresse	*Cupréssus* ✺

„Neuheiten"-Liste

Teilweise handelt es sich in dieser alphabetisch geordneten Liste um Species, die vor längerer Zeit bereits erhältlich waren und jetzt wieder auf den Markt kommen sollen. Es sind aber auch echte Neueinführungen dabei.

Späteren Auflagen wird es vorbehalten bleiben, die in der Liste geführten Arten den Pflanzengruppen des Buches zuzuordnen. Gegebenenfalls könnte ein solcher Weg im Bemühen um Aktualität dann zu Folgefassungen der „Neuheiten"-Liste führen. Über die Bedeutung und Anwendung der Zahlen hinter den Artnamen ist auf Seite 145 nachzulesen.

Achnátherum calamagróstis ♃	1	Rauhgras	Poáceae
Amómum compáctum ♄	2	Kardamomen	Zingiberáceae
(bislang im Buch nur bei den Südfrüchten geführt)			
Asteríscus marítimus ♄	1a	Asteriscus	Asteráceae
Brachýchiton pópulneus ♄	5	Brachychiton	Sterculiáceae
Caláthea warscewíczii ♄	3	Calathea	Marantáceae
Cássia corymbósa ♄	3	Kassie	Caesalpiniaceae
Cássia didymobótrya ♄	2	Kassie	
Casuarína equisetifólia ♄	5	Känguruhbaum	Casuarináceae
Clerodéndrum ugandénse ♄	2	Clerodendrum	Verbenáceae
Coprósma báueri ♄	2	Coprosma	Rubiáceae
Crássula rupéstris ♄	4	Dickblatt	Crassuláceae
Cussónia paniculáta ♄	4	Cussonie	Araliáceae
Delospérma pruinósum ♄	4	Delosperma	Aizoáceae
Dipteracánthus devosiánus ♄	3	Flügelblume	Acantháceae
Euphórbia balsamifera ♄	2	Euphorbia	Euphorbiáceae
Euphórbia griffithii ♃ ♄	1	Euphorbia	
Fremontodéndron califórnicum ♄	1,3	Fremontodendron	Sterculiáceae
Grevíllea juniperína ♄	5	Grevillea	Proteáceae
Hébe cupressoides ♄	2	Strauchveronika	Scrophulariáceae
Hébe buchanánii ♄	2	Strauchveronika	
Hébe pinguifólia ♄	2	Strauchveronika	
Houttuýnia cordáta ♃ ♄	1	Houttuynie	Saururáceae
Isótoma axilláris ☉ ♄	5	Isotoma	Campanuláceae
Lampránthus aurantíacus ☉ ♄	4	Lampranthus	Aizoáceae
Léea rúbra ♄	2	Leea	Leeáceae
Lewísia cotylédon ♃	1	Lewisie	Portulacáceae
Manéttia bícolor ♄	3	Manettie	Rubiáceae
Mímulus aurantíacus ♄	1	Gauklerblume	Scrophulariáceae
Murráya paniculáta ♄	2,5	Murraya	Rutáceae
Panícum virgátum ♃	1,2,3	Rutenhirse	Poáceae

Phygélius-Hybriden-			
'Yellow Trumpet' ♃		„Kaffernlilie"	Scrophulariáceae
Phyllóstachys nígra ♉	1	Bambus	Poáceae
Plumbágo índica ♉	2	Bleiwurz	Plumbagináceae
Portulacária áfra ♉	4	Speckbaum	Portulacáceae
Russélia equisetifórmis ♉	3	Russelie	Scrophulariáceae
Scaévola-Hybriden			
'Blue Fan'		Fächerblume	Goodeniáceae
Sédum lineáre ♃ ♉	1	Fetthenne	Crassuláceae
Solánum muricátum		Nachtschatten	Solanáceae
		mit genießb. Fr.	
Solánum rantonnétii ♉	3	Nachtschatten	
Stenocárpus sinuátus ♉	5	Stenocarpus	Proteáceae
Streptocárpus saxórum ♉	2	Drehfrucht	Gesneriáceae
Thymóphylla tenuilóba ⊙	3	Thymophylla	Asteráceae
Tithónia rotundifólia ⊙	3	Tithonie	Asteráceae
Ursínia speciósa ⊙ ♉	4	Ursinie	Asteráceae
Venídium fastuósum ⊙	4	Venidium	Asteráceae
Víola hederáceae ♉	5	Austr. Veilchen	Violáceae
Wedélia trilobáta ♉	2,3	Wedelie	Asteráceae

Hinzufügungen

(Erfassungszeitspanne: April 1989 bis Ende Dezember 1991)

Acácia longifólia ♉	5	Akazie	Mimosáceae
Acca sellowiána ♉	3	Brasil. Myrte	Myrtáceae
Aechméa maríae-regínae ♉	3	Aechmea	Bromeliáceae
Aloýsia triphýlla ♉	3	„Zitronenstrauch"	Verbenáceae
Anthúrium paraguajénsis ♉	3	Anthurium	Aráceae
Aristolóchia grandiflóra ♉	3	Pfeifenblume	Aristolochiáceae
Arundinária variegáta ♉	1	Bambus	Poáceae
Asarína barclaiána ♉	3	Maurandie	Scrophulariáceae
Asarína procúmbens ♃	1		
Asarína scándens ⊙	3		
Asclépias curassávica ♉	3	Papageienpflanze	Asclepiadáceae
Áster-Prínglei-Hybriden ♉		Schmetterlings-	Asteráceae
		aster	
Asteríscus seríceus ♉	1a	Asteriscus	Asteráceae
Begónia richmondénsis ♉		Begonie	Begoniáceae
Biophýtum sensitívum ♉	2	Lebpflanze	Oxalidáceae
Boltónia asteroídes ♃ ♉	1	Sternwolkenaster	Asteráceae
Brachýscome melanóphora ♉	5	Brachyscome	Asteráceae
Brómus lanceolátus ⊙	1a	Trespe	Poáceae

Buddléja índica ⚥	2	„Zimmereiche"	Buddlejáceae
Bruckenthália spiculifólia ⚘	1	Ährenheide	Ericáceae
Caláthea rufibárba ⚥	3	Calathea	Marantáceae
Campánula pyramidális ⚥	1	Glockenblume	Campanuláceae
Cárex brúnnea ⚥	2,5	Segge	Cyperáceae
Cárex gráyi ♃	1	Morgensternsegge	
Cárex muskinguménsis ♃	1	Segge	
Centradénia 'Cascade' ⚥		Centradenie	Melastomatáceae
Cephalária gigantéa ♃	1	Schuppenkopf	Dipsacáceae
Chrysalidocárpus lutéscens ⚥	2	Goldfruchtpalme	Arecáceae
Chrysánthemum parthénium ☉	1	Mutterkraut	Asteráceae
× Citrofortunélla mitis ⚥		Zierorange	Rutáceae
Clárkia concínna ☉	1	Clarkie	Onagráceae
Convólvulus sabátius ⚥	1a	Winde	Convolvuláceae
Cósmos sulphúreus ☉	3	Kosmee	Asteráceae
Cúphea ígnea ⚥	3	Zigaretten-blümchen	Lythráceae
Diáscia bárberae ☉	4	Diascia	Scrophulariáceae
Diáscia élegans ⚥	4	Diascia	
Diáscia rígens ⚥	4	Diascia	
Eríca cerinthoídes ⚥	4	Erika	Ericáceae
Eríca vestíta ⚥	4	Erika	
Eriophýllum lanátum ♃	1	Wollblatt	Asteráceae
Eupatórium coelestínum ♃	1	Dost	Asteráceae
Eupatórium purpúreum ♃	1	Dost	
Fícus schléchteri ⚥	2	Ficus	Moráceae
Fúchsia lycioídes ⚥	3	Fuchsie	Onagráceae
Gáura lindheímeri ♃ ⚥	1	Prachtkerze	Onagráceae
Geránium × cantabrigiénse ♃		Storchschnabel	Geraniáceae
Gomphocárpus fruticósus ⚥	4	Gomphocarpus	Asclepiadáceae
Hebenstrétia dentáta ☉	4	Hebenstretie	Scrophulariáceae
Helípterum anthemoídes ⚥	5	Sonnenflügel	Asteráceae
Helípterum manglésii ☉	5	Sonnenflügel	
Hibíscus moschéutos ♃	1	Sumpfeibisch	Malváceae
Hóya multiflóra ⚥	2	Wachsblume	Asclepiadáceae
Hypéricum androsaémum ⚘	1.1a	Johanniskraut	Hypericáceae
Iochróma cyáneum ⚥	3	„Veilchenstrauch"	Solanáceae
Ipomópsis rúbra ☉	1	Krähenfuß	Polemoniáceae
Jasmínum nítidum ⚥		Sternjasmin	Oleáceae
Lantána montevidénsis ⚥	3	Wandelröschen	Verbenáceae
Lagúrus ovátus	1a	Hasenschwanzgras	Poáceae
Leonótis leonúrus ⚥	4	Löwenohr	Lamiáceae
Leucospérmum grandiflórum ⚥	4	Weißsame	Proteáceae
Leucospérmum nútans ⚥	4	Weißsame	

Limónium gmelínii ⌗	1	Widerstoß	Plumbagináceae
Limónium ramosíssimum ⌗	1a	Widerstoß	
Lobélia × gerárdii ⌗		Lobelie	Campanuláceae
Lobelia siphilítica ⌗	1	Lobelie	
Lonas annua ⊙	1a	Schein-Achillea	Asteráceae
Lysimáchia clethroídes ⌗	1,2	Schneefelberich	Primuláceae
Melampódium paludósum ⊙		Sterntalerblume	Asteráceae
Morína longifólia ⌗	1	„Steppendistel"	Dipsacáceae
Myricária cauliflóra ⛢	1a	Rispelstrauch	Tamaricáceae
Myrsine africana ⛢	1a	Afr. „Buchsbaum"	Myrsináceae
Nandína doméstica ⛢	2	Nandine	Berberidáceae
Niotiána langsdórffii ⊙	3	Ziertabak	Solanáceae
Oxypétalum caerúleum ⛢	3	Spitzkrönchen	Asclepiadáceae
Pennisétum setáceum ⊙	1a	Borstengras	Poáceae
Pennisétum villósum ⊙	2	Lampenputzergras	
Péntas lanceoláta ⛢	2	Fünfling	Rubiáceae
Phálaris canariénsis ⊙	1a	Kanarengras	Poáceae
Phlox carolína ⌗	1	Phlox	Polemoniáceae
Phyllánthus ámblica ⛢	2	Amblabaum	Euphorbiáceae
Phyllostáchys aúrea ⛢	1	Bambus	Poáceae
Phýsalis peruviána ⊙	3	Andenbeere (Fr. eßbar)	Solanáceae
Piquéria trinérvia ⛢	3	Piquerie	Asteráceae
Podophýllum hexándrum ⌗	1	Fußblatt	Berberidáceae
Pogonátherum paníceum ⛢	2,5	Zimmerbambus	Poáceae
Polýgonum capitátum ⛢	2	Knöterich	Polygonáceae
Polypógon monspeliénsis ⊙	1.1a	Bürstengras	Poáceae
Prótea cynaroídes ⛢	4	Protea	Proteáceae
Raoúlia austrális	2,5	kleinste ⌗, 2 cm hoch	Asteráceae
Reinwárdtia índica ⛢	2	Indischer Lein	Lináceae
Rhípsalis capillifórmis ⛢	3	Rutenkaktus	Cactáceae
Rhípsalis houlletiána ⛢	3	Rutenkaktus	
Rhípsalis rhómbea ⛢	3	Rutenkaktus	
Sálvia coccínea ⊙	1,3	Salvie	Lamiáceae
Sálvia blepharophýlla ⛢	1	Strauchsalbei	
Setária macrostáchys ⌗	1,3	Hirse	Poáceae
Setaria palmifolia ⛢	2	Palmblatthirse	
Setária púmila ⌗	1,1a	Hirse	
Smilacína racemósa ⌗	1	Schattenblume	Liliáceae
Solánum laciniátum ⛢	2,5	Nachtschatten	Solanáceae
× Solidáster lúteus ⌗		Bastardaster	Asteráceae
Sorghástrum avenáceum ⌗	1,3	Sorghastrum	Poáceae
Stipa tenuíssima ⌗	1,1a	Espartogras	Poáceae

Stokésia laévis ♃	1	Korblumenaster	Asteráceae
Strongylódon macrobótrys ☌	2	„Jadewein"	Fabáceae
Syzýgium jámbos ☌	2	„Rosenapfel"	Myrtáceae
Thunbérgia grandiflóra ☌	2	Thunbergie	Acantháceae
Trachelospérmum jasminoídes ☌	1	„Sternjasmin"	Apocynáceae
Vaccária hispánica ☉	1,1a	Kuhkraut	Caryophylláceae
Verbascum chaíxii ♃	1	Königskerze	Scrophulariáceae
Waterhóusia floribúnda ☌	2	Waterhousie	Myrtáceae

Surfinias: Petuniensorten, die das Ergebnis von Kreuzungen zwischen Wildpetunien und Kultursorten sind und sich durch besondere Reichblütigkeit auszeichnen, laufen unter diesem Namen.

Tamaya: Neuheit, wenn auch kulturtechnisch mittels Veredelung erzeugt. In Frankreich werden bei diesem Verfahren auf Exemplare einer nicht genau bekannten Begónia spec. „Reiser" von B.-Corállina-Hybriden „gepfropft". Es entstehen „Baumbegonien". In etymologischer Sicht ist Tamaya eine Himmelsgöttin der Indios. Tamaya-Pflanzen können offensichtlich auch ohne Veredelung erzeugt werden.
IPM erbrachte dafür im Februar 1992 den Beweis.

Numerierung der Pflanzenarten
im Hinblick auf die Florenreiche

Unterschiedliche Verteilung der Kontinente und Ozeane und besondere Entwicklungs- und Austauschbedingungen auf der südlichen Hemisphäre lassen **6 Florenreiche** zu.

Diese pflanzengeographischen Einheiten werden genannt:

1. Holarktis (nördliche Hemisphäre, also Europa, fast das ganze Nordamerika, große Teile Asiens, der Mittelmeerraum und Nordafrika, die 2 letzten Gebiete im Buch mit 1a angegeben). Frostfreiheit im gesamten Jahresablauf besteht in keinem der genannten Gebiete.
2. Palaeotropis (die Tropen der „Alten Welt")
3. Neotropis (die Tropen der „Neuen Welt")
4. Capensis (eigenständiges Florenreich am Kap, für die Numerierung etwas auf Südafrika ausgedehnt)
5. Australis (erdgeschichtlich isolierte Stellung und charakteristische Pflanzenarten)
6. Antarktis (extreme Klimabedingungen und Artenarmut)

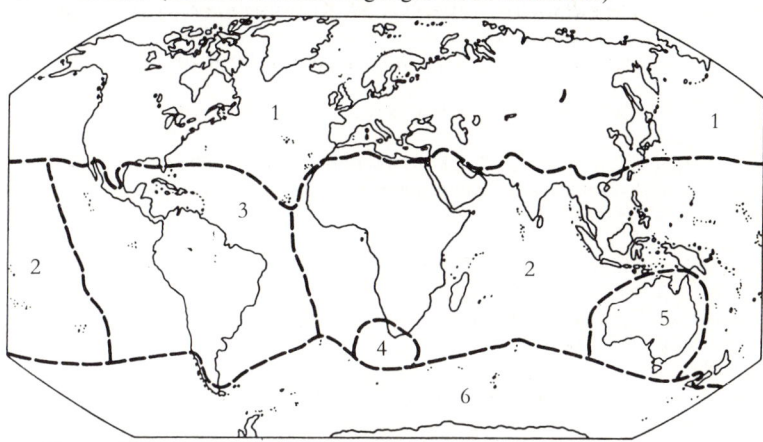

Florenreiche der Erde: 1 = Holarktis, 2 = Palaeotropis, 3 = Neotropis, 4 = Capensis, 5 = Australis, 6 = Antarktis. – Aus Walter u. Straka.

Die Skizze möge zur Veranschaulichung dienen und erkennen lassen, daß man in praxi mit solchen groben Herkunftsangaben anstelle präziser Heimatnennung durchaus arbeiten kann, und zwar insbesondere im Gespräch mit Kunden!

Sofern es sich um Hybriden handelt oder anderweitige Unsicherheiten bestehen, ist im Buch eine Numerierung unterblieben.

146

Literaturnachweis

Für die Aufstellung dieses Wörterbuches wurde folgende Literatur benutzt:
„Pareys Blumengärtnerei", zweite, neubearbeitete Auflage, herausgegeben von F. Encke, Berlin 1958 bis 1971, sowie erste Auflage, Berlin 1931.
„Pareys Illustriertes Gartenbaulexikon", fünfte, völlig neu bearbeitete Auflage, herausgegeben von R. Maatsch, Berlin 1956, sowie vierte Auflage, Berlin 1928
„Lehrbuch der Botanik für Hochschulen" („Strasburger"), 32. neubearbeitete Auflage, Stuttgart 1983.
„International Code of Botanical Nomenclature" (ICBN), Utrecht 1972.
„Internationaler Code der Nomenklatur der Kulturpflanzen" (ICNCP), Deutsche Fassung 1969.
„Handwörterbuch der Pflanzennamen" („Zander"), 13. Auflage, von F. Encke, G. Buchheim, S. Seybold, Stuttgart 1984.
„Die Nutzpflanzen der Tropen und Subtropen in der Weltwirtschaft" von I. Esdorn, Stuttgart 1973.
„Handbuch der Laubgehölze, 3 Bde., von G. Krüssmann, Berlin 1976 bis 1978.
„Handbuch der Nadelgehölze", von G. Krüssmann, Hamburg–Berlin 1972.
„Illustrierte Flora" („Garcke"), 23. Aufl., herausgegeben von K. von Weihe, Berlin 1972.
„Liste der Gefäßpflanzen Mitteleuropas", 2. erw. Auflage, von F. Ehrendorfer u. a., Stuttgart 1973.
„Vorläufiges Verzeichnis landwirtschaftlich oder gärtnerisch kultivierter Pflanzenarten (mit Ausschluß der Zierpflanzen)" von R. Mansfeld, Nachdruck der 1. Auflage, Berlin 1962.
„Taschenbuch der Gräser", 11. Auflage, von E. Klapp, Berlin 1983.
„Illustrierte Flora von Mitteleuropa", 7 Bde., von G. Hegi, München ab 1906 bis 1931, 2. Aufl. seit 1935.
„Kleines Botanisches Fremdwörterbuch" von R. Zander, Stuttgart 1950.
„Kompendium der Botanik", 2. Auflage, von F. Jacob, E. Jäger u. E. Ohmann, Stuttgart 1983.
„Flora von Deutschland und seinen angrenzenden Gebieten" (Schmeil-Fitschen), 87. Auflage, von W. Rauh und K. Senghas, Heidelberg 1982.
„Flora Europaea", Bd. 1–5, von T. G. Tutin u. a., Cambridge 1964–1980.
„Ökologie" von H.-J. Müller, Jena 1988.
„Gärtnerbörse und Gartenwelt" (Fachzeitschrift), 89., 90. u. 91 Jahrgang.
„Zierpflanzenbau" (Fachzeitschrift), XXIX., XXX. u. XXXI. Jahrgang.